Gottschaldt Alkohol und Medikamente:
Wege aus der Abhängigkeit

Dieses Buch ist den Kranken, unseren Patienten,
und den miterkrankten Angehörigen gewidmet.

Prof. Dr. med. Matthias Gottschaldt

Alkohol und Medikamente: Wege aus der Abhängigkeit

Was uns im Leben prägt –
Sucht als emotionales Problem

Das Oberberg-Modell –
Ein erfolgreiches Konzept

Anschrift des Autors:
Prof. Dr. med. Matthias Gottschaldt
Oberberg 1
78132 Hornberg

Umschlaggestaltung:
Cyclus · D+P Loenicker, Stuttgart

Textzeichnungen:
Friedrich Hartmann, Nagold

Die Deutsche Bibliothek –
CIP-Einheitsaufnahme

Gottschaldt, Matthias:
Alkohol und Medikamente : Wege aus
der Abhängigkeit : Was uns im Leben
prägt – Sucht als emotionales Problem ;
das Oberberg-Modell – ein erfolgreiches Konzept / Matthias Gottschaldt. –
Stuttgart : TRIAS Thieme Hippokrates
Enke, 1997

Wichtiger Hinweis: Wie jede Wissen-
schaft ist die Medizin ständigen Entwicklungen unterworfen. Forschung
und klinische Erfahrung erweitern unsere Erkenntnisse, insbesondere was
Behandlung und medikamentöse Therapie anbelangt. Soweit in diesem Werk
eine Dosierung oder eine Applikation
erwähnt wird, darf der Leser zwar darauf vertrauen, daß Autoren, Herausge-
ber und Verlag große Sorgfalt darauf
verwandt haben, daß diese Angabe
**dem Wissensstand bei Fertigstel-
lung des Werkes** entspricht.
Für Angaben über Dosierungsanwei-
sungen und Applikationsformen kann
vom Verlag jedoch keine Gewähr übernommen werden. **Jeder Benutzer ist
angehalten,** durch sorgfältige Prüfung
der Beipackzettel der verwendeten Prä-
parate und gegebenenfalls nach Kon-
sultation eines Spezialisten festzustellen, ob die dort gegebene Empfehlung
für Dosierungen oder die Beachtung
von Kontraindikationen gegenüber der
Angabe in diesem Buch abweicht. Eine
solche Prüfung ist besonders wichtig
bei selten verwendeten Präparaten
oder solchen, die neu auf den Markt gebracht worden sind. **Jede Dosierung
oder Applikation erfolgt auf eigene
Gefahr des Benutzers.** Autoren und
Verlag appellieren an jeden Benutzer,
ihm etwa auffallende Ungenauigkeiten
dem Verlag mitzuteilen.

Gedruckt auf chlorfrei
gebleichtem Papier

© 1997 Georg Thieme Verlag,
Rüdigerstraße 14,
D-70469 Stuttgart
Printed in Germany
Satz: Satz & mehr, Besigheim
(Quark-XPress 3.3.1, Power-PC)
Druck: Druckerei Gutmann, Talheim

ISBN 3-89373-368-X   1 2 3 4 5 6

Zu diesem Buch

Dieses Buch beschreibt eine neue Auffassung und Erklärung (Konzept) des Wesens und der Entstehung von psychischen Krankheiten im allgemeinen und der Alkohol- und Medikamentensucht im besonderen. Es stellt allgemeinverständlich dar, was in den OBERBERG-KLINIKEN FÜR PSYCHOSOMATISCHE MEDIZIN in den letzten 12 Jahren entwickelt worden ist. Dieses neue Konzept wird seit Jahren in wöchentlichen Beratungsgesprächen unseren Patienten nahegebracht. Auf ihren (und ihrer Angehörigen) Wunsch hin entstand das Buch.

Wie kam es zu dieser neuen Auffassung? Anlaß und Ursprung der Überlegungen war meine eigene Alkoholabhängigkeit, die sich langsam und über viele Jahre entwickelte, und die ich trotz mehrerer stationärer und ambulanter Behandlungsversuche (an verschiedenen Kliniken und nach jeweils anderen therapeutischen Richtlinien) erst 1983 in den Griff bekam. Damals zwang die Krankheit meinen Arbeitgeber, mich aus der Position des Chefarztes einer neurologischen Klinik zwangszupensionieren. Auch meine Familie war inzwischen auseinandergebrochen. Ich erkannte, daß diese Krankheit mich und alles, was mit mir zusammenhing, völlig in der Hand hatte. Ich mußte also irgendwie gegen sie ankämpfen, wollte ich jemals wieder richtig leben. So ging ich in die letzte Therapie (in einer verhaltenstherapeutisch ausgerichteten Klinik) mit dem Vorsatz, dort so lange zu bleiben, bis es genug war – egal, ob dies nun einige Monate oder gar Jahre dauern würde. Mit dieser anschließenden, fünften stationären Behandlung erreichte ich schließlich, was vorher schier unmöglich war: mühelos abstinent zu sein. Natürlich hatte ich schon in den vorhergehenden Therapien Nützliches gelernt; es war die Gesamtheit aller therapeutischen Versuche, die das Endergebnis bewirkte. Ich konnte schließlich emotional akzeptieren, abhängig zu sein. Ich verinnerlichte also meine Abhängigkeit als eine bleibende Eigenschaft. U. a. ermöglichte mir diese Akzeptanz den mühelosen Verzicht auf Alkohol (seit nun über 13 Jahren). Nachdem ich diese große Hürde der Therapie genommen hatte, war auch die Voraussetzung für den Wiederaufbau meines Lebens gegeben.

Dann machte ich mir lange Gedanken, was denn dies für eine geheimnisvolle, zunächst unverstehbare, lebenszerstörende Krankheit sei, der trotz meines ausreichenden Sachwissens (ich war damals schon

Arzt für Neurologie), früher vorhandener Selbstdisziplin, Fleiß und Strebsamkeit von mir nicht beizukommen war.

Hatte wirklich, der allgemeinen Auffassung entsprechend, ein Verfall meiner positiven Qualitäten, meiner inneren Werte, meines Charakters usw. eingesetzt? Warum konnte ich der Sucht (ebenso wie viele andere Abhängige, die ich kennengelernt hatte) trotz bestem Willen, guter Vorsätze und eifrigem Bemühen nicht Herr werden? Was zwang mich, immer wieder zu trinken, obwohl ich es nicht wollte und deutlich die drohenden Folgen, lange vor der Pensionierung und dem Zerfall meiner Familie, vor Augen hatte? Was war dies für eine Kraft, die mich offensichtlich völlig beherrschte und gegen die mein Streben und mein Willen, aufzuhören, machtlos war? Warum konnte mir niemand von den zahlreichen, um Rat gefragten Fachleuten (und ich mir selbst noch viel weniger) erklären, was hier vorging? Warum hatte ich zunehmende Schwierigkeiten mit meinen Bezugspersonen im privaten und dienstlichen Bereich? Warum gelang es dann schließlich doch, die Krankheit unter Kontrolle zu bekommen und sogar *mühelos* auf die Wiedereinnahme meines Suchtmittels Alkohol zu verzichten, so daß die Frage, ob ich noch einmal Alkohol tränke oder nicht, irrelevant wurde? Warum war *gerade ich* betroffen (da doch alle Welt Alkohol zu sich nahm)? Warum die anderen nicht?

Diese Fragen haben mich natürlich auch in den Jahren der Abhängigkeit immer beschäftigt, ohne daß ich eine Antwort fand. Klar war mir nur, daß die Ursache auf psychologischem Gebiet zu suchen war, wenngleich mir die im Laufe der Zeit auftretenden körperlichen Folgeschäden (welche mir – im Gegensatz zur Sucht – mit meinen Kenntnissen der allgemeinen und inneren Medizin einfacher zu erklären waren), zunehmend mehr Beschwerden machten. Das Nachdenken über diese Fragen brachte mich zu Erkenntnissen und Einsichten und, als Folge davon, zur Entwicklung von grundsätzlichen Erklärungsmodellen. Darauf aufbauend entstanden neue Behandlungsansätze und -methoden, die ich ab 1984 in einer neu gegründeten Klinik umzusetzen versuchte. Dies scheint gelungen zu sein.

Um neue Wege zu gehen, war es erforderlich, auch neue, von den bis dahin vorhandenen, fest gefügten Behandlungsmethoden (sogenannte therapeutische Schulen) unabhängige Methoden zu entwickeln.

Gleichzeitig war mir aber durch meine eigenen, vielfältigen Therapieer-fahrungen klar, daß *eine einzige* der bekannten Behandlungsrichtungen *alleine* offenbar nicht ausreichte. Schließlich gibt es eine Vielzahl unter-schiedlichster Persönlichkeiten und damit auch eine Vielzahl unter-schiedlichster Möglichkeiten für die Entstehung von Krankheit und Sucht. Natürlich sollten die vorhandenen Erkenntnisse und Verfahren der verschiedenen Psychotherapierichtungen, soweit in diesem Sinne nützlich, Verwendung finden.

Ich möchte darstellen, aufgrund welcher *theoretischer Grund-überlegungen* ein Mensch krank und / oder süchtig werden kann und wie sich, diesen Annahmen folgend, die Behandlung aufbaut. Im Unter-schied zu anderen therapeutischen Richtungen bedient sich *unsere* Er-klärung der theoretischen Grundlagen und die Therapie einer *allge-meinverständlichen Sprache.* Als einzige kommt sie dabei der überall er-hobenen Forderung nach, daß eine Psychotherapie *nicht von den Thera-peuten, sondern von den Patienten* durchgeführt werden muß, um wir-ken zu können. Wie aber soll ein Patient eine Therapie machen, die er nicht verstehen kann?

Auch Psychologen und Ärzte brauchen eine mehrjährige Zu-satzausbildung in jeweils *einer* der therapeutischen Methoden, um sie verstehen zu können. (Nur drei Methoden sind in Deutschland offiziell anerkannt: Psychoanalyse, tiefenpsychologisch fundierte Therapie und Verhaltenstherapie). Damit werden sie zu Spezialisten *einer* therapeu-tischen Schule. Sie können sich kaum mit Vertretern einer anderen therapeutischen Schule verständigen. Nach dieser Ausbildung zu Spe-zialisten der jeweiligen therapeutischen Schule dürfen sie dann Kranke psychotherapeutisch behandeln. Dabei kommt es häufig vor, daß alle Kranken von den Spezialisten in die „Behandlungsmaximen" derjenigen Schule „gepreßt" werden, in der sie gerade ausgebildet wor-den sind. Meiner Meinung nach wird dieses Vorgehen der Vielfalt von Persönlichkeitsstrukturen und den davon gelegentlich ausgehenden, ebenso vielfältigen psychischen Krankheiten nicht gerecht. Es hindert diese Spezialisten auch daran, die individuellen Situationen der Pati-enten vorbehaltlos und nicht eingeengt durch die Scheuklappen ihres Spezialistentums zu sehen. Es hindert sie gleichzeitig daran, sich den Patienten gegenüber allgemeinverständlich zu äußern und ihnen ein *für sie* akzeptables Konzept ihrer Persönlichkeitswerdung und deren

Fehlentwicklungen, die dann als Krankheit erkennbar werden, näherzubringen.

Seit nunmehr 13 Jahren behandeln wir Patienten auf die hier beschriebene Art (es waren über 7500). Nach einer Erhebung von unabhängiger, dritter Seite ist diese Therapie erfolgreicher als die anderen, von den öffentlichen Kostenträgern zur Anwendung bestimmten therapeutischen Methoden, die seit jeher den erwähnten „Schulen" folgen.

Ein Symposium im September 1995, an dem Vertreter aller dieser Schulen teilgenommen haben, hat den Wert unserer Methode bestätigt.

Gute *Fach*bücher über Sucht gibt es, auch im deutschen Sprachraum, genügend (z. B. Feuerlein, Schlüter-Dupont, Soyka). Es war nicht mein Ziel, weitere hinzuzufügen. So befaßt sich dieses Buch mit einem kleinen, speziellen, *für Betroffene* aber lebenswichtigen Gebiet der Medizin. Es hat zum Ziel, einem Betroffenen Verständnis für die Entwicklung der eigenen Psyche und deren Krankheit zu vermitteln, damit die Patienten (und ihre Bezugspersonen) die Angst und die Ohnmacht vor der Erkrankung verlieren, weil sie sie erkennen, begreifen, erklären und mit ganz praktisch-pragmatischen Vorgehensweisen auch in den Griff bekommen können.

Bestimmte Probleme der Erkrankung und ihre Therapie werden an mehreren Stellen des Buches, z. T. aus verschiedenen Perspektiven behandelt. Die dadurch entstehenden Wiederholungen sind beabsichtigt, denn einige emotionale Aspekte sind nur näherungsweise beschreibbar, weil sie sich auf einer Ebene unseres Wesens befinden, die sich eben nicht genauestens in Worte fassen läßt, wohl aber klar gemacht und empfunden werden kann. Dazu dient auch ihre Beleuchtung aus verschiedenen Blickwinkeln. Diese Wiederholungen dienen u.a. auch dem Nachschlagenden. Er soll jedes Einzelthema verstehen, ohne jedesmal das ganze Buch lesen zu müssen.

Nur der Einfachheit halber rede ich meist von „dem Patienten", also nur in der maskulinen Form. Alles Gesagte gilt natürlich für Männer und Frauen gleichermaßen. Der / die diesbezüglich kritische Leser(in) wird freundlich gebeten, die feminine Form gleichberechtigt anzunehmen.

Wie und warum entsteht Abhängigkeit, und wie läßt sie sich behandeln?

≡   ## Sucht als emotionales Problem: Was uns im Leben prägt

Die Gesamtheit aller gefühlsmäßigen (emotionalen) und seelischen (psychischen) Gegebenheiten eines Menschen bezeichnet man als *psychische Struktur*. Dazu gehören z. B.: die Fähigkeit, sich mitfühlend in andere hineinzuversetzen, Durchsetzungskraft oder mangelndes Durchsetzungsvermögen, Charakterstärke oder Charakterschwäche, Temperament, Erregbarkeit, die Fähigkeit, Liebe zu geben und zu empfangen. Bei jedem Menschen entwickeln sich diese Gegebenheiten im Laufe des Lebens in unterschiedlicher Kombination und Ausprägung.

Überschreiten diese Gegebenheiten ein gewisses Maß, spricht jeder von „Auffälligkeit". Geht dieses Überschreiten ein wenig weiter, erhalten diese Auffälligkeiten Krankheitswert. Sie sind, weil schwer faß- und meßbar (im Gegensatz zu Erkrankungen auf körperlichem Gebiet), erst in diesem Jahrhundert zu der Bedeutung gelangt, die ihnen zusteht. Gegeben hat es sie natürlich schon immer.

Weil psychische Phänomene nicht meßbar sind, war es nicht möglich, zu ihrem Verständnis und gegebenenfalls zu ihrer Behandlung Grundlagen auf der Basis von Erkenntnissen aus der Naturwissenschaft (z. B. physikalischer oder chemischer Gesetze) zu verwenden. So erschien es anfangs zweckmäßig, sich zunächst einmal über gedachte Annahmen eine Vorstellung von der normalen Entwicklung der menschlichen Psyche zu machen, um darauf ein Konzept für die Entstehung und für die Behandlung von Krankheiten aufzubauen.

Die erste, wesentliche und noch heute anerkannte Grundannahme schuf vor rund 100 Jahren Sigmund Freud. Er ging davon aus, daß das sog. Unbewußte unser Verhalten und auch unsere Gefühle steuert. Das Bewußtsein stellt nur die sichtbare Oberfläche unseres psychischen Ganzen dar; der unsichtbare Teil, das Unterbewußtsein, übt aber unaufhörlich Einfluß auf uns aus. Im Unbewußten liegen auch die Ursachen für seelische Störungen verborgen. Diese Ursachen können sehr weit zurückliegen, bis in die frühe Kindheit. Die **Psychoanalyse** versucht, das Unbewußte des Menschen zu ergründen. Die Analyse von Verhaltensmustern, Zwängen, Wünschen, Einstellungen etc. ermöglicht dann Einsichten in die psychische Struktur und ihre Entstehung. Die Psychoanalyse versucht, *alle* Aspekte der unbewußten, psychischen Struktur, die der Persönlichkeit und damit dem Verhalten zugrunde liegen, zu erfassen – also auch solche, die mit dem unmittelbaren Geschehen, dessentwegen sich jemand in eine Therapie begibt, nichts zu tun haben. Das dauert natürlich sehr lange, im Durchschnitt etwa fünf Jahre.

Bei einem akuten Krankheitsgeschehen steht so viel Zeit nicht zur Verfügung, weshalb sich eine sozusagen „abgeschwächte" Form der Psychoanalyse durchgesetzt hat, die inzwischen auch allgemein anerkannt ist (auch von den Krankenkassen): die **tiefenpsychologisch fundierte Psychotherapie**. Sie arbeitet zwar wie die Psychoanalyse weit in die Biographie zurückgreifend, versucht aber dabei, möglichst schnell die zur jeweiligen Krankheit führenden Besonderheiten der Psyche herauszufinden und konzentriert sich dann auf diese. Das verkürzt die Therapiedauer.

Sehr viel später hat sich eine andere Grundannahme durchgesetzt. Sie geht nicht von der ursprünglichen, frühkindlichen Prägung der Psyche aus, sondern von einem aktuell erkennbaren Fehlverhalten, das die Patienten so belastet, daß es Krankheitswert erhält. Sie geht weiter davon aus, daß dieses Fehlverhalten die Basis der Erkrankung darstellt und „erlernt" worden ist. Dieses Fehlverhalten muß durch „Neulernen" von Verhalten korrigiert werden. Die daraus entstandene Therapierichtung heißt **Verhaltenstherapie**. Sie hat viele Subspezialisierungen, z. B. das soziale Verhalten eines Patienten im Zusammenleben mit seinen Bezugspersonen betreffend (Familientherapie).

Andere Therapierichtungen gehen zwar von ähnlichen Annahmen aus, legen ihren Schwerpunkt aber auf die psychotherapeutische Wirkung bestimmter Methoden, z. B. des Gesprächs, der Musik, der Gestaltung von Werkstoffen, körperlicher Übungen, Tanz. Allen therapeutischen Richtungen gemeinsam ist, daß sie entsprechend ihrer jeweiligen Annahme (wie sich der behandlungsbedürftige (Krankheits)zustand eines Patienten entwickelt habe) Hilfe anbieten. Aus den verschiedenen Denkansätzen entwickelten sich dann empirisch (mit der Erfahrung bei ihrer Anwendung) regelrechte „Schulen", die jeweils eine eigene Fachsprache haben, nur für Eingeweihte verständlich. Jede dieser Schulen hat also ihr eigenes Denkmodell zur Erklärung der Entstehung regulärer und krankhafter Entwicklungen der Psyche, deren schließlicher Strukturierung und den daraus sich ergebenden Grundlagen menschlichen Wesen und Verhaltens. Ist bei dieser Strukturierung etwas falsch gelaufen, schlägt auch das menschliche Handeln fehl, und gelegentlich entsteht eine Verstrickung mit Krankheitswert.

Keines der heute anerkannten (und als Schulen eingeführten) Denkmodelle wurde aber *primär* für die Abhängigkeit entwickelt und *alle* sind deswegen, *unverändert angewandt, nur näherungsweise* auf die *Abhängigkeit zutreffend.* Sie berücksichtigen nur ungenügend die mit der Abhängigkeit entstehende *zusätzliche, neue* psychische und physische Krankheit, die ihre eigenen Gesetze und ihren eigenen Verlauf (inkl. der Lebensbegrenzung) hat.

Die bei anderen psychischen Krankheiten erprobten Denkmodelle wurden zuweilen etwas unkritisch auch der Therapie der Abhängigkeit zugrunde gelegt, wohl in der Annahme, daß sie in analoger Weise auch hier ihre Wirksamkeit entfalten würden. Leider ist dem nicht so. *Keine* der bestehenden anerkannten Schulen kann in völlig unveränderter Form ausschließlich und umfassend die allgemein bekannten, immer drängenden, quälenden, krankheitsspezifischen Fragen von Patienten, seiner Bezugspersonen, ja sogar der Therapeuten im Zusammenhang mit der Alkohol- und Medikamentenabhängigkeit, aber auch der nichtstofflichen Abhängigkeiten (z. B. Spielsucht) beantworten:

- Warum bin gerade ich abhängig geworden, wo doch alle anderen, die ich kenne, früher ebenso – vielleicht sogar noch mehr – getrunken haben – und immer noch trinken?
- Was ist mit mir passiert, daß ich abhängig geworden bin?
- Bin ich minderwertiger als andere Menschen?
- Welche der mich betreffenden widrigen Lebensumstände sind schuld an der Entwicklung?
- Warum kann ich nicht aufhören?
- Welche Kraft zwingt mich, weiterzutrinken?
- Wie kann ich die Schuld und den Makel, den ich durch meine Abhängigkeit auf mich und andere geladen habe, je wieder gutmachen?

– Wie werde ich bloß mit der Scham fertig, die ich wegen meines
Verhaltens empfinde?
– Warum sind alle Menschen so abweisend und aggressiv zu mir?
Ich tu doch keinem was.
– Warum hilft mir keiner?
– Warum bin ich so verlassen und fühle mich so elend?
– Ist es nicht besser, mit dem Leben Schluß zu machen als so wei-
terzuleben? Es hat ja doch alles keinen Zweck mehr.

Für die Betroffenen selbst sind die Fragen unmöglich zu beantworten, schon wegen ihrer *suchtbedingten psychischen Veränderung*
(siehe auch „inneres Psychosyndrom", S. 44), zu der es gehört, daß sie
die Realität nicht mehr sehen *können*, obwohl sie sich darum *bemühen*.

Für die Bezugspersonen sind die Fragen ebenfalls nicht beant-
wortbar, weil sie keine vernünftigen Grundvorstellungen über diese
Krankheit, ihre Entstehung und ihre Ursachen haben.

Beides soll mit unserem Konzept (und der darauf aufgebauten
Therapie) gebessert und beseitigt werden.

In allen therapeutischen Schulen wird das verständliche Bedürfnis nach Erklärung der Krankheitsursachen nicht befriedigt, sondern durch Dogmen abgewürgt („Du bist jetzt abhängig, egal warum,
das hast Du zu akzeptieren, auch ohne es zu verstehen, basta.").

Die Folge solchen Vorgehens ist, daß der Patient schwerer aus
seinem krankheitsverursachten Minderwertigkeits-Erleben herausfindet. Ebenso unvollständig erfaßt und erklärt werden

– der Sinn und Zweck des Therapieinhaltes,
– die Notwendigkeit einer Nachbehandlung (besonders in Selbsthilfegruppen),
– die Problematik der Rückfälle,
– die Bewältigung auch außerhalb der eigentlichen Suchtkrankheit entstandener „süchtiger" Strukturen der Seele und deren
Einfluß auf das Verhalten im Leben nach der Therapie.

Meines Erachtens muß jedoch ein Therapiekonzept eigens für
die Abhängigkeit geschaffen werden, und die darauf aufgebauten Behandlungsmaximen müssen vor allem für die Betroffenen verständlich

und nachvollziehbar sein. Nur dann können sie sich darin wiederfinden und damit identifizieren, nur dann können sie die Tatsache ihrer Suchterkrankung auch gefühlsmäßig (emotional) *akzeptieren, ohne sich minderwertig zu fühlen*. Letzteres ist eine unabdingbare Voraussetzung für das therapeutische Endziel, *mühelos abstinent leben* zu können.

Weil ich selbst an einer Alkoholabhängigkeit erkrankte, und bei verschiedenen stationären und ambulanten Therapieversuchen die Ansätze verschiedener Schulen und ihre Unzulänglichkeit bei der Behandlung meiner Alkohol- und Medikamentenabhängigkeit kennenlernte, schien es mir 1984 notwendig, einen anderen Weg zu gehen.

Er sollte die mir offenbar gewordenen Mängel der anderen Verfahrensweisen vermeiden, verständlich und akzeptabel sein, sich über die Therapie der Sucht hinaus möglichst auch bei anderen emotionalen Krankheiten bewähren (also hierin eine Allgemeingültigkeit haben) und die Hauptgründe der Verzweiflung aller Abhängigen klären und beseitigen helfen.

Wegen dieser Entstehungsgeschichte ist sowohl die Grundlage als auch das daraus entstehende Therapiekonzept nicht an den Schulen, sondern an den Patienten und ihren Krankheiten orientiert. Ich denke, dies war mir nur möglich, weil ich selbst zuerst krank und dann erst Therapeut wurde. Ich erlernte zwei der anerkannten überkommenen Therapiemethoden.

Bei der Entwicklung einer anderen grundsätzlichen Vorstellung von der normalen und der (sucht-)kranken Psyche mußte natürlich auch ich von theoretischen Grundannahmen, also Denkmodellen, ausgehen. Sie entstanden aber aus dem eigenen Erleben.

Ich gehe davon aus, daß sich eine Suchterkrankung genauso verhält wie ein **emotionales Problem**, also irrational, nicht vernunftgesteuert. Sucht hat vieles mit anderen emotionalen Phänomenen gemeinsam, die allgemeiner bekannt und ebenfalls vernünftig nicht schlüssig zu erklären sind, wie Haß, Liebe, Trauer, Kummer usw. Auch diese entziehen sich letztlich einer befriedigenden, allgemein gültigen Definition und einem vernunftgesteuerten Umgang damit. So kann z. B. niemand *vernünftig begründen*, warum er einen *bestimmten* Menschen und nicht irgendeinen anderen liebt. Aber er *spürt* es genau.

☰ Die Struktur der Persönlichkeit: Das emotionale Relief

Nach unserer ersten theoretischen Grundannahme entsteht die jedem Menschen eigene, individuelle psychisch-emotionale Struktur im Laufe seines Lebens ab der Geburt (und hier sind wir den Vorstellungen der Psychoanalyse sehr nahe). Eine gewisse Grundkonstellation wird geerbt. Die von außen auf uns einwirkenden Faktoren, z. B. das Verhalten der Bezugspersonen, die Lebensumstände, die Frage, ob wir uns ab der Geburt in Geborgenheit und Wärme, mit Fürsorge und ohne materielle Not entwickeln – oder nicht – sind danach von Bedeutung.

Es ist ja ein Unterschied, ob ein Neugeborenes in gut bürgerlichen, beschützten, materiell sorglosen Verhältnissen in einer mitteleuropäischen Familie aufwächst oder in den Straßen von Kalkutta geboren wird, wo der Überlebenskampf am Tag der Geburt beginnt und sich dauernd fortsetzt.

Es ist ebenso ein Unterschied, ob ein Einzelkind die gesamte Liebe und Fürsorge beider Elternteile auf sich konzentriert oder ob es diese Zuwendung mit mehreren Geschwistern teilen muß, womöglich in wirtschaftlich knappen Verhältnissen unter zahlreichen Entbehrungen. Dies kann das Kind im Vergleich mit anderen Kindern, mit denen es später in Kontakt kommt, als Zurücksetzung empfinden.

Die Umstände, die die Lebenssituation des neugeborenen und heranwachsenden Kindes ausmachen, und das Verhalten der Bezugspersonen wirken mit fortschreitender Zeit immer mehr modellierend auf die ererbte emotionale Struktur des Heranwachsenden ein. Die meisten dieser Einwirkungen werden uns gar nicht bewußt. Wir können sie auch nicht beeinflussen. Ständig kommen neu einwirkende Faktoren dazu. So verändert sich die emotionale Struktur langsam, sie erhält eine individuelle Prägung.

Ereignisse, die diese emotionale Struktur verändern können, müssen dazu *im Einzelfall „geeignet"* sein. Ihre Eignung erhalten sie immer nur durch ihr Verhältnis *zu* und *vor* dem Hintergrund der *Gesamt*struktur aller früher aufgetretenen Prägungen. Die so bis dahin entstandene Gesamtstruktur muß also derart gestaltet sein, daß neu hinzutretende Ereignisse wirksam werden können. Ein und dasselbe Ereignis kann z. B. auf einen Menschen (mit *dessen* individuell geprägter psychischen Struktur) kränkend wirken, auf einen anderen aber nicht. Dieser zweite hat nämlich in seiner Vorgeschichte bisher andere Prägungen seiner psychischen Struktur erfahren, die das für die erste Person kränkende Ereignis für ihn nicht wirksam werden läßt. Bei anderen Ereignissen kann es umgekehrt sein.

Abbildung 1 auf Seite 20 stellt diese unterschiedlich empfundenen Emotionen, deren Ausprägung und den jeweiligen Zeitpunkt der prägenden Ereignisse dar. Dadurch entsteht eine Art Relief oder Profil, vergleichbar mit einem Gebirge, das man vom Flugzeug aus sieht.

Einige, das Relief des einzelnen gravierend beeinflussende Ereignisse können weit in der persönlichen Vorgeschichte zurückliegen und bis in die Gegenwart wirken.

■ Jeder Mensch hat ein anderes, *nur ihm eigenes* emotionales Profil.

An dieser Stelle sei noch einmal auf die grundsätzliche Bedeutung des emotionalen Reliefs für die Entstehung psychosomatischer Erkrankungen generell hingewiesen. Es müssen krankmachende Besonderheiten – und zwar mehrere in Kombination – vorhanden sein, damit eine psychosomatische Erkrankung entstehen kann. Je nach Konstellation dieser Besonderheiten kann eine *andere* Krankheit entstehen. Bei der Entstehung *verschiedener* Krankheiten können umgekehrt durchaus einige (aber eben nicht alle!) der krankmachenden Besonderheiten identisch sein. Eine Verminderung des Selbstwertgefühls findet sich z. B. genauso bei Depressionen (ohne Sucht) wie auch bei Abhängigkeit und Angst- und Zwangserkrankungen. Umgekehrt tritt bei Abhängigen eben wegen der Verminderung des Selbstwertgefühls auch eine depressive Verstimmung auf. Oft ist es aber schwierig zu unterscheiden, ob zuerst die Abhängigkeit oder zuerst die Depression entstand.

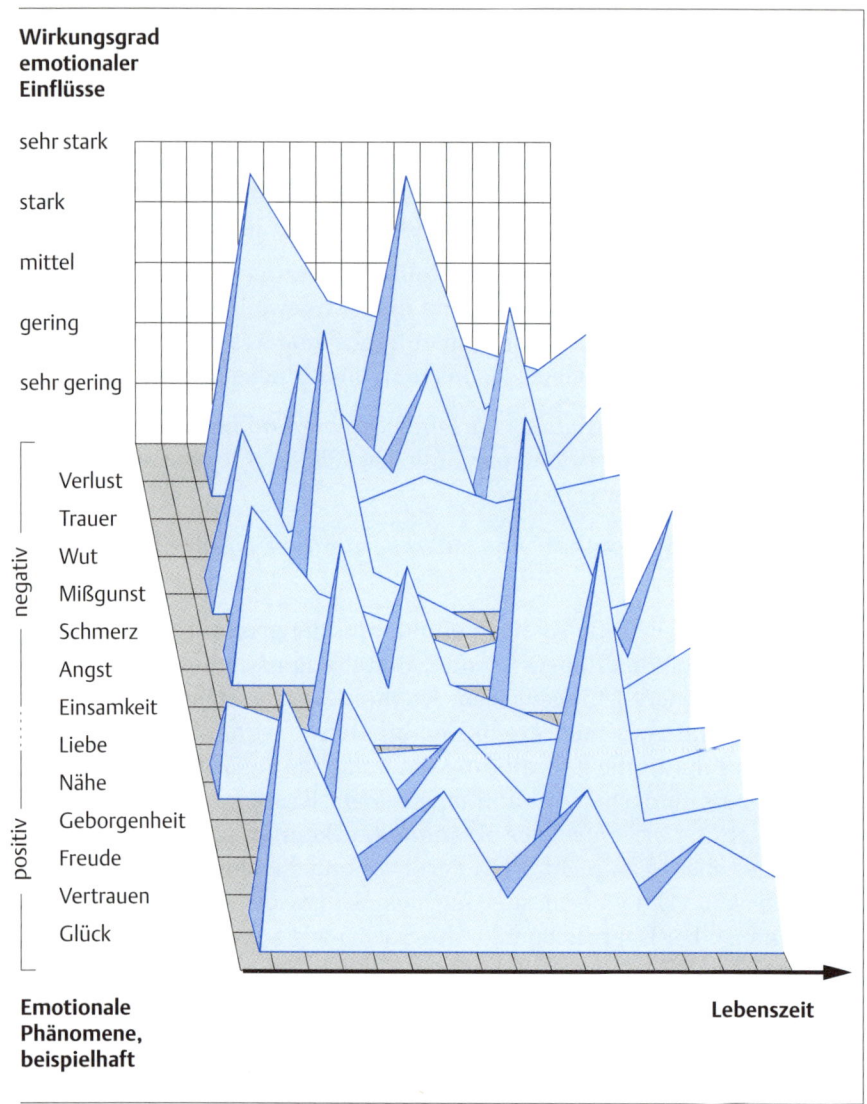

Abb. 1   Entstehung der individuellen *emotionalen* Struktur (Relief): Ab der Geburt entwickelt sich, ausgehend von geerbten Grundlagen, individuell verschieden, durch das Erleben der emotional wirksamen Umwelteinflüsse nach und nach eine emotionale Struktur. Jeder neue stattfindende Einfluß trägt ggf. zur weiteren Modellierung bei – je nach der bisher entwickelten emotionalen Struktur. Dieser Entstehungsprozeß ist hier drei-dimensional dargestellt: Auf der Abszissenachse finden sich verschiedene emotionale Phänomene, die sich bei jedem Menschen emotional anders auswirken können. Auf der Ordinatenachse ist der jeweilige Wirkungsgrad dieser emotionalen Einflüsse abzulesen. In der dritten Dimension ist schließlich die zeitliche Abfolge dargestellt.

☰ Krankmachende Besonderheiten im Lebenslauf: Warum gerade ich?

Jeder Mensch hat eine solche Struktur. Sie prägt die allgemeine emotionale Individualität, definiert also die sogenannten „Ecken und Kanten", die „guten und die weniger guten Seiten", die „Stärken und Schwächen" eines jeden. Nur selten entsteht dabei eine psychische Krankheit, insbesondere eine Abhängigkeit.

Was unterscheidet nun die Kranken von den Gesunden? Bei einigen hat die Prägung ihres emotionalen Reliefs dazu geführt, daß ihre individuellen psychischen Gegebenheiten die Grenzen des noch „Normalen" überschreiten und damit die Qualität von psychischen Auffälligkeiten oder gar Krankheiten erreichen. *Welche* psychische Krankheit im Einzelfall auftritt, hängt von den Besonderheiten des persönlichen emotionalen Reliefs ab. Ein kleiner Teil dieser psychischen Krankheiten sind Abhängigkeiten.

Nach unserer zweiten theoretischen Grundannahme sind solche Besonderheiten im Sinne einer Abhängigkeit *nur dann* krankmachend, *wenn mehrere auffällige Besonderheiten in bestimmter Konstellation zueinander kombiniert sind.*

Da die Besonderheiten im Laufe des Lebens entstehen, ist es in der Regel so, daß einige von ihnen, die dann zusammen mit anderen zu einer Abhängigkeit prädestinieren, schon lange entstanden sein können, bevor die Abhängigkeit selbst ausbricht. Dies geschieht nämlich erst dann, wenn eine weitere Besonderheit des Reliefs (z. B. durch ein besonders emotional prägendes Ereignis) auftritt, die dann in Kombination mit den anderen, schon früher vorhandenen Besonderheiten, zu einer Abhängigkeit führen kann.

Aus diesem Erklärungsmodell wird auch deutlich, daß *bei jedem Abhängigen andere Kombinationen* zu seiner Krankheit führen können. *Die Wege in die Abhängigkeit sind so unendlich vielfältig. Es gibt keine festen Regeln dafür, welche Lebensumstände, sozialen Verhältnisse, frühere Geschehnisse usw. denn zu einer Abhängigkeit führen.*

Deshalb muß sich die psychologische Diagnostik und die Behandlung auf die krankheitsverursachenden Besonderheiten in jedem einzelnen Fall ausrichten. Dazu muß man sie zunächst aber finden.

Bei der Suche nach ihnen lernt der Patient (und der Therapeut) auch viele andere, aktuell nicht krankmachende und/oder zu behandelnde Strukturen „seines" emotionalen Reliefs kennen – mit positiven Folgen für den späteren Lebensverlauf.

Wir gehen also davon aus, daß jeder Mensch (gesund oder krank) ein eigenes emotionales Relief hat, dessen Existenz ihm in der Regel zunächst nicht bekannt oder klar ist und dessen krankmachende Aspekte er noch weniger sehen kann.

Aus unseren beiden theoretischen Grundannahmen ergibt sich, daß nicht nur eine Abhängigkeit, sondern ganz verschiedene emotionale Erkrankungen aus dem jeweiligen Relief eines einzelnen entstehen können. Dies ist der Grund dafür, daß die erste und die zweite Grundannahme *zusammen* nicht nur die Abhängigkeiten, sondern auch alle anderen psychischen Krankheiten, z. B. Angst- oder Zwangskrankheiten oder sonstige psychisch bedingte Krankheiten erklären können.

Ob Abhängigkeit oder andere psychische Krankheit: Ist erst einmal die *Voraussetzung* dafür entstanden, bedarf es nur noch eines *Anlasses*, um sie auszulösen. Solche Anlässe können Ärgernisse, Kränkungen, Einsamkeit, Hunger, chronische Schmerzzustände aber auch Glücksgefühle und vieles andere mehr sein.

Zur Krankheit kommt es also erst, wenn eine *zusätzliche* Prägung auftritt, die in Kombination mit schon früher vorhandenen emotionalen Gegebenheiten eine abhängig-krankmachende Wirkung ausübt. Bis zu dieser hinzutretenden, die Krankheit schließlich endgültig prädestinierenden Besonderheit, lag noch ein ausgeglichener, einigermaßen stabiler Zustand vor. Dann wird durch die neu hinzutretende Besonderheit eine solche Gestaltung des emotionalen Reliefs erreicht, daß eine Dekompensation unvermeidlich wird, d.h. die bis dahin benutzten Bewältigungsmechanismen versagen schließlich. Um die anders nicht zu bewältigenden Mängel scheinbar zu beheben oder aber um Trost zu finden, wird nun das Suchtmittel entdeckt.

≡ Was regiert das Leben – Gefühl oder Verstand?

Den wenigsten Menschen ist bewußt, daß fast alle grundsätzlichen, im Leben richtunggebenden Entscheidungen *emotionalen Ursprungs* sind. Das trifft besonders auf diejenigen zu, die meinen, mit ihrer Ratio *allein* ihr Leben aufgebaut zu haben und auch steuern zu können. Zwar können *rationale*, vernünftige Entscheidungen diese emotionalen Grundentscheidungen dann erheblich modifizieren, sie haben aber keine grundsätzliche Bedeutung. So führt z. B. das emotionale Phänomen Liebe und eine daraus entstehende Partnerschaft mit Kindern (und die Liebe auch zu ihnen) meist zu erheblichen Veränderungen im beruflichen Leben – also auf rationaler Ebene.

Nur wenn eine Lebenssteuerung mit prinzipieller *Übereinstimmung* zwischen emotionalen Grundentscheidungen und den rationalen, vernunftgesteuerten Entscheidungen erreicht werden kann, resultiert Zufriedenheit – die Voraussetzung zum Glücklichsein.

Folgt z. B. jemand dem verlockenden und ehrenvollen Angebot seiner Firma, erheblich befördert zu werden, nimmt dafür aber Umstände in Kauf, die er gefühlsmäßig, also auf seiner emotionalen Ebene nicht vertreten kann (z. B. zeitweise Trennung vom Partner und den Kindern oder Ortswechsel, was diese ablehnen), so hat er zwar Gewinne auf der rationalen Ebene, wird aber auf der Gefühlsebene kaum Gewinne erzielen. Er wird also mit seiner Entscheidung nicht wirklich zufrieden sein, weil keine Übereinstimmung zwischen beiden Ebenen zu erreichen war. Daraus wiederum entstehen psychische Konflikte und durch diese emotionaler Druck – trotz beruflichen Erfolges. Das mögliche Ergebnis: Eine (zunächst) steile Karriere eines dann immer unglücklicher werdenden Menschen, der deswegen auch irgendwann auf der zunächst erfolgreichen und sein Leben scheinbar allein bestimmenden rationalen Ebene schlechter wird, weil die emotionalen Grundlagen fehlen und nicht förderlich auf die Vernunftsebene zurückwirken können.

Gleiches passiert, wenn eine Partnerschaft zu Ende geht, aus welchen Gründen auch immer. In der Einsamkeit danach entsteht ein emotionaler „Druck", der auch auf der rationalen Ebene negative Folgen hat, z.B. auf das persönliche Leistungsvermögen (Antrieb) oder auf die Möglichkeit, berufliche Probleme zu lösen.

Abb. 2   Auf der rationalen Ebene fühlen wir uns sicher, weil wir sie beherrschen und „berech-
           nen" können. Auf der emotionalen Ebene fühlen wir uns unsicher, weil wir ihre
           Phänomene letztlich nicht genau definieren können, was uns angst macht. Die
           emotionale Ebene trägt und *bestimmt* aber die rationale Ebene. Beeinträchtigungen
           auf der emotionalen Ebene (durch eine emotionale Erkrankung) verursachen auch
           Beeinträchtigungen auf der rationalen Ebene.

Es ist für die meisten schwer zu akzeptieren, daß sie in praktisch allen Lebensbereichen nicht primär rational-vernünftig, sondern hauptsächlich bestimmt durch die emotionale Lagebefindlichkeit entscheiden können (siehe S. 28).

Sich auf diese emotionale Ebene mit ihren schwer faßbaren und nicht mit dem rationalen „Werkzeug Sprache" zu definierenden Phänomenen zu begeben, ist schwer. Deswegen bleiben alle – besonders in den schweren Zeiten emotionalen Druckes mit ihren zusätzlichen Mysterien – lieber auf der vertrauten rationalen Ebene, wo wir uns sicherer fühlen. Daß das nichts nützt, merken wir erst nach längerer Zeit, nämlich daran, daß es uns trotz aller vernünftigen Entscheidungen nicht besser geht.

Folgerichtig hilft ein rationales Vorgehen auch bei einer Suchterkrankung nicht weiter. Auf dieser Ebene sind weder die Wurzeln der Erkrankung noch die mögliche Therapie zu finden. Dazu müssen wir uns auf die unsichere, zunächst geheimnisvolle und daher angstbesetzte emotionale Ebene begeben. Man kann die rationale Ebene mit einem wohlgepflegten Park vergleichen, in dem alles geregelt und wohl angelegt ist, feste Wege bestehen und sonstige Regularien das Zurechtfinden erleichtern. Die emotionale Ebene gleicht demgegenüber einem nebligen, kalten Moor, voller unbekannter Geister und schwankender Gestalten, Gefahren und Untiefen, in denen man zu versinken befürchtet. Es gibt keine geregelten Wege, und seine Ausdehnung ist unbekannt.

Die *beiden* Ebenen zu akzeptieren und die Notwendigkeit, sich von der vertrauten rationalen Ebene auf die unsichere, daher angstbesetzte, aber für die Suchtkrankheits-Behandlung entscheidend wichtige emotionale Ebene begeben zu müssen, stellt nach unserer Erfahrung den schwierigsten Schritt in der Suchttherapie dar. Die Dauer der Bemühungen, ihn zu tun, bestimmt wesentlich die Therapiedauer und ihren Erfolg.

Die Patienten *wollen* zwar alles tun, um die Abhängigkeit in den Griff zu bekommen; viele verstehen aber lange Zeit nicht, was der Unterschied zwischen rationaler und emotionaler Akzeptanz ist. Es fällt ihnen schwer, überhaupt zu akzeptieren, daß sie außer ihrer rationalen Verstandsebene noch eine nicht mit sonst probaten Möglichkeiten steuerbare, irrational-emotionale, gefühlsmäßige Ebene haben und besonders, daß *diese* so maßgeblich ist. (Weil sie zu dieser anfangs keinen Zugang haben, fühlen sie sich hilflos und nehmen erst recht eine Abwehrhaltung ein.)

Auf dieser emotionalen Ebene werden aber die Grundsteine für die Erkrankung und auch die Therapie gelegt.

Da alle bisher genannten Begriffe Schlüsselfunktionen haben, möchte ich sie hier noch etwas weiter beispielhaft erläutern: Wenn jemand z. B. einen Menschen kennenlernt, der seinen Idealvorstellungen entspricht oder zumindest sehr nahe kommt, so kann er alles an ihm aufnehmen, messen oder auch wiegen. Wenn alles „stimmt", d.h. sich mit seinen Vorstellungen deckt, wird es wahrscheinlich (aber keineswegs sicher), daß er sich auch verliebt.

Der erste Schritt entspricht der rationalen Akzeptanz, nämlich das Aufnehmen von äußerlichen, intellektuellen oder sonstigen Eigenschaften der kennengelernten Person. Der zweite Schritt entspricht der emotionalen Akzeptanz, nämlich der vorbehaltlosen und nicht vernunftgesteuerten Zuwendung (Liebe).

Welch eigenwillige Wege auf der emotionalen Ebene gegangen werden, wird deutlich, wenn man sich in Erinnerung ruft, daß die wenigsten Menschen einen Partner ihrer ursprünglichen Idealvorstellung lieben. Meistens erfolgt die Zuwendung zu jemandem, der diesen Idealvorstellungen gar nicht entspricht. Es erfolgt also eine emotionale Akzeptanz, ohne daß dies bei rationaler Betrachtung zu erwarten gewesen wäre.

Im Verlauf der Therapie ist in der Regel an dem Willen der Patienten, jeden nützlichen Weg zu gehen, nicht zu zweifeln. Bei vielen unserer „kopfgesteuerten" Patienten ist aber die Einsicht und der dann erfolgende Übergang von der rationalen Ebene (alles lernen und wissen, um die Krankheit und unser Modell zu verstehen) zur eigenen gefühlsmäßigen Akzeptanz, abhängig geworden zu sein und damit für den Rest seines Lebens leben zu müssen, sehr schwierig.

Obwohl sich dieser Vorgang so leicht und plausibel anhört, ist er ebenso schwierig, wie sich vorsätzlich in jemanden zu verlieben, nur weil es zweckmäßig ist. Und es kann passieren, daß sich jemand in die Frau seines Chefs (unzweckmäßig) anstatt in die Tochter (zweckmäßig) verliebt ...

Diese Hürde des Überganges von der rationalen Ebene auf die emotionale zu überwinden ist *unabdingbare* Voraussetzung dafür, daß nach der Therapie *mühelos* abstinent gelebt werden kann. *Nur dann* kann der aussichtslose Kampf gegen das Suchtmittel enden. Nur wenn das erreicht wird, empfindet der Suchtkranke weder Minderwertigkeits- noch Scham- oder Schuldgefühle wegen der Abhängigkeit.

Wie dieser Übergang zur emotionalen Akzeptanz geschieht, entzieht sich der genauen Definition – wie alle emotionalen Phänomene. Jede Beschreibung bleibt hinter dem Zustand zurück, weil er idealerweise ganz in der Identität aufgegangen ist. Wer diesen Zustand erreicht, wird es jedoch wahrnehmen, spüren. Dieser Prozeß wird oft wundersam erlebt und ist darin dem Entstehen einer Liebe sehr ähnlich.

Gelingt dieser Übergang von der rationalen zur emotionalen Akzeptanz nicht, bleibt dem Rückfall der Boden bereitet. Therapeuten müssen dann, auch durch ständige (und nervige) Wiederholungen, diesen schwierigen Prozeß „induzieren". Es hat keinen Zweck, in der Therapie weiter fortzuschreiten oder gar auf sogenannte „Nebenkriegsschauplätze" auszuweichen, solange dieser Punkt nicht befriedigend erledigt ist.

Wir grenzen uns (auch) hier gegenüber rein verhaltenstherapeutischen Vorgehensweisen ab (die ja nur vom Symptom ausgehen, dabei das begleitende, abhängigkeitsspezifische Psychosyndrom (siehe S. 44) nicht genügend beachten und so auch dem Rückfall den Boden nicht entziehen). Natürlich geht eine verhaltenstherapeutische Intervention leichter und schneller voran. Sie scheint deswegen zunächst auch rationaler und billiger zu sein. Oft bewegt sie sich aber auf einer Ebene, auf der die Krankheit gar nicht begründet ist.

Wenn die Patienten zu uns in die Behandlung kommen, ist ihnen natürlich unsere Vorstellung von der psychisch-emotionalen Struktur nicht bekannt. Oft ist ihnen auch die Existenz ihrer emotionalen Ebene gar nicht bewußt. Warum das so ist, läßt sich leicht erklären: Wir alle werden im Rahmen unserer konventionellen Erziehung darauf trainiert, Emotionen nicht – oder wenigstens nicht zur Unzeit – zu zeigen, am besten gar nicht erst wahrzunehmen („ein Junge weint nicht!"). Empfindungen werden schon seit unserer frühesten Jugend mit einer Makelhaftigkeit versehen („so etwas tut man nicht!"), bis wir sie so weit zurückgedrängt haben, daß wir sie gar nicht mehr wahrnehmen. Wir finden uns also in unseren Emotionen nicht mehr zurecht – und erkranken.

≡ Gefühle wahrnehmen lernen: Die emotionale Lagebefindlichkeit

Da wir davon ausgehen, daß es sich bei einer Sucht um eine emotionale Erkrankung handelt, die adäquaterweise auch emotional behandelt werden muß, ergab sich für uns die Notwendigkeit, dafür geeignete *Methoden* zu entwickeln. Eine dieser Methoden ist die *Feststellung der emotionalen Lagebefindlichkeit*. Damit die Patienten lernen, Gefühle wieder wahrzunehmen, haben wir diese Methode weiterentwickelt und an die Erfordernisse der Suchttherapie angepaßt:

Jeder von uns befindet sich zu jedem Zeitpunkt in einer emotionalen Lage. Umgangssprachlich wird sie mit „Drauf-sein", „Stimmung", „Laune" o. ä. beschrieben. Wir nennen sie emotionale Lagebefindlichkeit. Sie ist die Grundlage, auf der jedes neu hinzukommende, emotional wirksame Ereignis (siehe auch S. 18) aufgenommen und verarbeitet wird. Durch die Verarbeitung ändert sich die emotionale Lagebefindlichkeit. Diese geänderte Lagebefindlichkeit ist dann wiederum Grundlage für die Verarbeitung eines weiteren Ereignisses und so fort. Dieser Prozeß wiederholt sich also bei jedem neuen, emotional prägenden Ereignis, d.h. die emotionale Lagebefindlichkeit ändert sich immer wieder. Ein Beispiel macht dies deutlich: Wenn Sie morgens mit dem Auto zur Arbeit fahren, ereignet sich vieles, was Ihre emotionale Lagebefindlichkeit nicht verändert: Leute laufen vorbei, eine Ampel ist rot oder grün, ein Hund bellt usw. Diese Ereignisse sind emotional nicht wirksam.

Unter den Passanten erkennen Sie plötzlich einen alten Bekannten, den Sie aus den Augen verloren hatten. Sie freuen sich zunächst über das Wiedersehen. Sie halten an, reden und verabreden sich mit ihm. Ihre emotionale Lagebefindlichkeit wird besser, Sie sind gehobener Stimmung. Wieder ins Auto eingestiegen, denken Sie darüber nach, und es fällt Ihnen ein, daß dieser Bekannte Ihnen vor vielen Jahren ein Mädchen ausgespannt hat: Durch die Erinnerung an diese frühere Kränkung verschlechtert sich Ihre Lagebefindlichkeit wieder. Sie fahren weiter. Ganz gedankenversunken überfahren Sie eine rote

Ampel und werden erwischt. Sie ärgern sich, über sich selbst und darüber, daß Sie erwischt wurden: Ihre Lagebefindlichkeit verschlechtert sich gewaltig. Schließlich, in nun sehr schlechter Lagebefindlichkeit, erreichen Sie Ihr Büro, werden zum Chef gerufen, belobigt und befördert: Die eben noch sehr schlechte Lagebefindlichkeit wird dadurch wieder erheblich besser. Die genannten Ereignisse waren emotional wirksam und konnten deshalb die jeweilige Lagebefindlichkeit verändern.

Die *eigene*, emotionale Lagebefindlichkeit richtig zu beurteilen, ist immer schwierig. Wie schwierig war es doch, sich über die erste Liebe klar zu werden?! Für die meisten von uns ist es leichter, jemand *anderen* in dessen emotionaler Lagebefindlichkeit zu beurteilen (und vernünftige Ratschläge zu geben). Die Fähigkeit zur eigenen richtigen Beurteilung (Introspektionsfähigkeit) läßt sich aber lernen. In unserer Therapie trainieren wir sie so lange, bis sie jeder ganz sicher beherrscht. Das ist die Voraussetzung dafür, daß sie jeder einsetzen kann, wenn positiv oder negativ belastende Situationen auftreten. Eine gute Urteilsfähigkeit ist nämlich ein wesentliches „Werkzeug" zur späteren Rückfallprophylaxe.

Belastende Situationen (die eventuell einen Rückfall provozieren können) treten i.d.R. zusammen mit starken emotionalen Erregungen auf. Wir nennen solche Belastungssituationen deswegen auch „Sturmsituationen". In extremen Fällen können sie uns mehr oder weniger handlungsunfähig machen. Der Volksmund hat dafür Redewendungen wie „starr vor Angst sein", „vor Schreck gelähmt sein" und andere. In Extremsituationen haben wir nicht mehr die Möglichkeit komplizierterer Gedankengänge und daraus abgeleiteter Entscheidungen. Aber es hilft uns eine sichere Urteilsfähigkeit, die wir zur Verfügung haben, wenn wir sie lange eingeübt haben, daß wir sie aus dem Effeff beherrschen. Wir halten deshalb unsere Patienten dazu an, sich jederzeit über ihre *Stimmungen und deren Verursachung* klar zu werden: *Welches* Ereignis hat die jetzige emotionale Lagebefindlichkeit hervorgerufen, und *warum* konnte dieses Ereignis die Lagebefindlichkeit *so* verändern? Wir üben das in der Einzeltherapie mit Hilfe eines sogenannten Befindlichkeitsbogens, den der Patient täglich abends schriftlich ausfüllen sollte (siehe Abb. 3, S. 30). Die abendliche Bearbeitung ist deswegen wichtig, weil es darum geht, herauszufinden, wie man sich emotional befindet, also fühlt. Am nächsten Morgen kann man das nicht mehr *fühlen*, sondern nur noch *erinnern* – und darum geht es eben nicht!

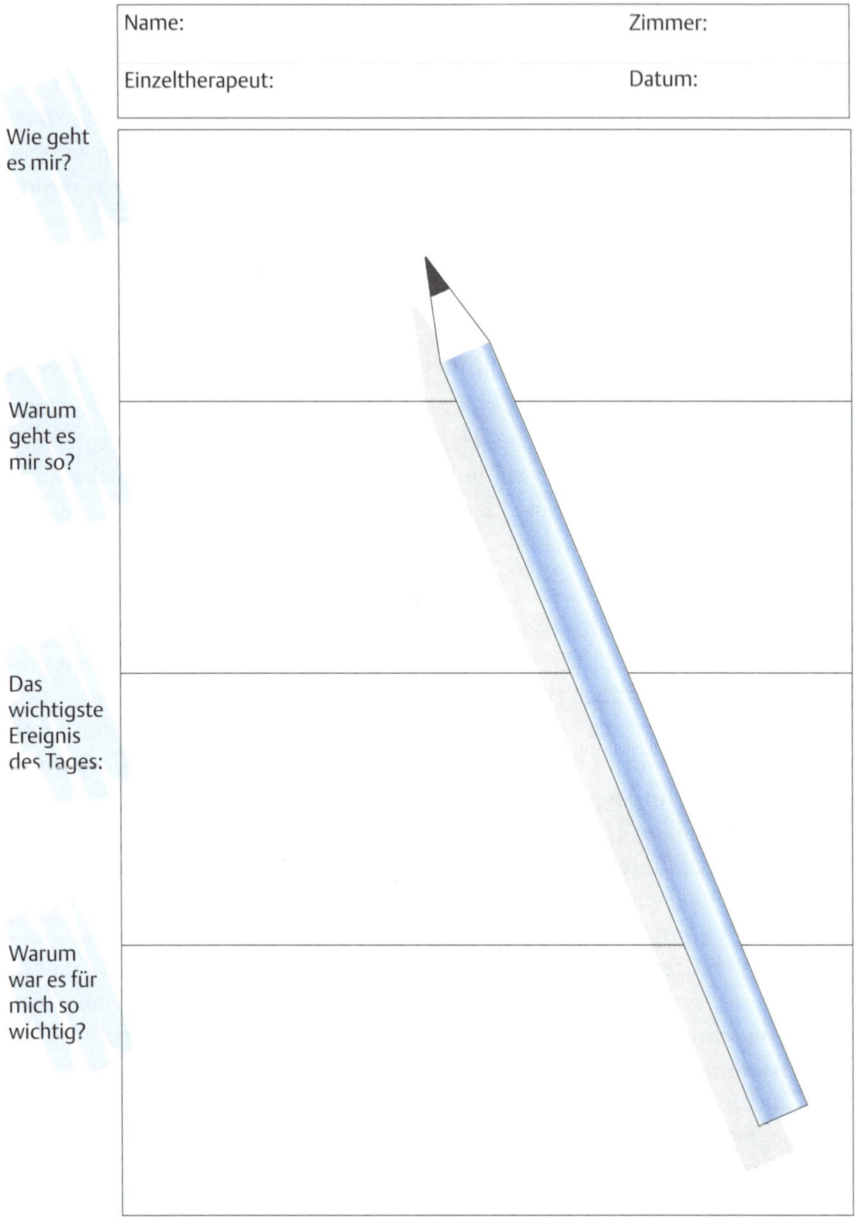

Name:	Zimmer:
Einzeltherapeut:	Datum:

Wie geht
es mir?

Warum
geht es
mir so?

Das
wichtigste
Ereignis
des Tages:

Warum
war es für
mich so
wichtig?

Abb. 3   Befindlichkeitsfragebogen

Die Fragen des Befindlichkeitsbogens sind vordergründig ganz einfach, aber nicht gleich einfach zu beantworten. Angestrebtes Ziel ist, daß der Patient sein Fühlen möglichst genau erfassen und beschreiben lernt. Seine Deutungen werden in der Einzeltherapie besprochen, um mögliche subjektive Fehldeutungen mehr und mehr zu reduzieren und den Patienten damit in die Lage zu versetzen, auch noch unter emotional maximaler Belastung eine für sie gefährliche emotionale Lagebefindlichkeit richtig einzuschätzen. Dies dient auch der Rückfallprophylaxe. Hat er gelernt, die Frage zu beantworten „Was muß geschehen, was muß man mir antun, damit ich rückfällig werde?" (oder umgekehrt: „Was darf nicht passieren, damit ich abstinent bleiben kann?"), kann er feststellen, wenn solch ein Ereignis eintritt. Ist dies der Fall, sprechen wir von einem „trockenen" Rückfall, d. h. der Patient ist gefährdet, aber noch nicht fähig, selbst zu handeln oder Hilfe zu holen. Wird jedoch diese Situation nicht oder falsch beurteilt, gerät der Patient vom „trockenen" in den „nassen" Rückfall, ohne daß er es recht gewahr wird und ohne daß er es verhindern kann. Er greift wieder zum Suchtmittel, kann sich aber nicht – oder nicht richtig – erklären, warum. Dieser „Mechanismus" gilt nicht nur für stoffliche Abhängigkeiten, sondern auch für andere psychisch bedingte Krankheiten (außer für Psychosen).

≡ Die eigene psychische Struktur abbilden: Die Erforschung des emotionalen Reliefs

Während der Behandlung hat jeder Patient die Aufgabe, sich mit den Grundlagen der Entstehung *seiner* Krankheit vertraut zu machen. Dabei helfen unsere Grundannahmen. Wenn Patienten (und Therapeuten) diese Grundannahmen akzeptieren können (was rasch gelingt), haben sie die Aufgabe, ihr emotionales Relief wie ein „Gebirge" zu „erwandern". Da sie nicht genau wissen, wie man sich in einem solchen unbekannten Terrain orientiert, brauchen sie dafür einen „Bergführer". Diese Rolle übernimmt der Therapeut. Dieser kennt das „Gelände" im einzelnen zwar zunächst auch nicht, hat aber durch seine Ausbildung sehr viel bessere Mittel und Methoden, sich darin zu bewegen. Zuvor muß natürlich die Struktur des Gebirges überhaupt erkennbar werden, und der darauf liegende Schnee muß abtauen. Das entspricht in unserem Gleichnis der Entgiftung.

Da nun, wie dargelegt, jeder ein ihm ganz eigenes emotionales Relief hat, das erkundet werden muß, da zudem jeden Menschen andere Besonderheiten in diesem emotionalen Relief krankmachen, und da niemand am Anfang weiß, wie kompliziert, ausgedehnt und schwierig sein individuelles Relief ist, wird klar, daß *nur eine individuelle Therapie* zum Erfolg führen kann. Nur so kann jeder Patient mit „seiner" emotionalen Erkrankung behandelt werden – und nicht „die" Krankheit Sucht schlechthin.

Je intensiver und individueller diese Therapie ist, um so besser und schneller wird der Erfolg zu erringen sein. Wie lange es allerdings im Einzelfall dauert, hängt von den individuellen Besonderheiten und Schwierigkeiten ab. Das läßt sich nicht generell und schematisiert von vornherein festlegen. Wie überall bestimmt immer das Problem die zu seiner Lösung notwendige Zeit – und nicht umgekehrt. Um in unserem Gleichnis zu bleiben: Der Patient befindet sich am Anfang der Therapie in derselben Situation wie jemand, der sich im Hochgebirge verlaufen hat: Er weiß nicht, wo es langgeht; er weiß nicht, wie steil der Weg sein wird; er weiß nicht, wie lang dieser Weg ist; er weiß nicht, wie weit seine Kräfte reichen und ob es unterwegs Wasser geben wird. Aber wann er ankommt, will er vorher schon festlegen!

≡   ## Bedeutung des Oberberg-Erklärungsmodells für die Therapie

Aus unserem Erklärungsmodell lassen sich wichtige Schlüsse ziehen; und es ergeben sich aus ihm auch *alle* Antworten auf die quälenden Fragen des Abhängigen. Sie bieten gleichzeitig eine Grundlage für eine zielgerichtete, patienten- und krankheitsorientierte Therapie.

- Die Entstehung der Abhängigkeit ist im Einzelfall nicht sicher vorhersehbar.

- Die Entstehung der Abhängigkeit ist für den Betroffenen nicht bemerkbar.

■   Die Entstehung der Abhängigkeit ist für den Betroffenen also auch nicht verhinderbar.

■   Es besteht kein unmittelbarer Zusammenhang zwischen Lebensschicksal und Entstehung einer Abhängigkeit. Jeden kann es treffen.

Die Sozialpsychiatrie geht davon aus, daß seelische Probleme und psychiatrische Krankheiten im wesentlichen durch (schlechte) soziale Umstände ausgelöst werden. Demnach wäre häufig auftretende Abhängigkeit in einer Bevölkerungsgruppe v. a. damit begründet, daß es dieser Gruppe schlecht geht (z. B. in Armutsgebieten von Großstädten oder armen Landstrichen). Wir können aber beobachten, daß Abhängigkeit genauso häufig in Bevölkerungskreisen auftritt, in denen keine materielle Not herrscht. In der sogenannten „besseren" sozialen Schicht wird Abhängigkeit sogar häufiger festgestellt als in der untersten sozialen Schicht. (Möglicherweise ist die oberste Schicht aber nur besser untersucht, weswegen auch die Diagnose häufiger gestellt wird.) Es läßt sich also kein unmittelbarer Zusammenhang zwischen den sozialen Verhältnissen und der Häufigkeit des Auftretens von Abhängigkeit herstellen. Auch dies stützt unsere Grundannahme, nach der Sucht eine primär emotionale Erkrankung ist. Denn emotionale Phänomene haben alle sozialen Schichten gleichermaßen.

■   Es besteht *im Einzelfall* kein unmittelbarer Zusammenhang zwischen Trinkmenge und Trinkdauer und Entstehung einer Alkoholabhängigkeit. *Nur statistisch* ist dieser Zusammenhang zu belegen.

■   Da die Entstehung einer Krankheit weder bemerkt noch verhindert werden kann, ist der Betroffene in diesem Sinne Opfer (und nicht Täter) der Entwicklung seiner emotionalen Struktur.

■   Da der Betroffene Opfer ist, kann folglich keine Schuld entstehen.

■   Für das Gefühl der Scham besteht kein vernünftiger Grund (es ist ein Phänomen der emotionalen Ebene). Die Einsicht in diese Tatsache beseitigt die Scham zwar noch nicht, ist aber der erste Schritt, um sie zu bewältigen.

▪   Ebenso ist es unvernünftig, Persönlichkeit, Charakter, kogni-
tive und intellektuelle Fähigkeiten (nach Abklingen des krankheitsbedingten, „inneren" Psychosyndroms) als makelhaft an-
zusehen.

▪   Wie bereits ausgeführt, provoziert erst eine Kombination von
emotional krankmachenden Besonderheiten den Ausbruch der
Krankheit, bei entsprechendem Anlaß. Die Therapie muß die
spezifisch krankmachenden Besonderheiten im individuellen,
emotionalen Relief finden und wenigstens teilweise „entschär-
fen", z. B. durch Verarbeiten emotional schwer belastender Einflüsse. Verdrängung ist keine Lösung.

Im Laufe unseres Lebens treffen uns viele gravierende Ereignisse, die für uns so schlimm sind, daß wir sie nicht „aushalten" können.
Im Rahmen des psychischen Selbstschutzes „verdrängen" wir sie deshalb aus unserem präsenten Bewußtsein. Diese Erhaltung eines einigermaßen stabilen Gleichgewichtes der Seele ist auch deshalb nötig,
weil wir keine Methoden zur Verfügung haben, um diese schrecklichen
Ereignisse anzugehen (z. B. zu analysieren nach Ursache, Wirkung,
Kränkungspotential usw.). In der Therapie werden diese Methoden erlernt. Dann brauchen wir ein schlimmes Ereignis nicht mehr zu „verdrängen", sondern können es unter Zuhilfenahme dieser methodischen
„Werkzeuge" behandeln, also „verarbeiten".

Wenn diese Verarbeitung nicht möglich ist bzw. es dem Patienten nicht gelingt, *alle* suchterzeugenden Anteile des emotionalen Reliefs zu erfassen, wird die Therapie lehren, mit den fortbestehenden,
bislang krankmachenden Besonderheiten so umzugehen, daß sie ihre
krankmachende Wirkung verlieren. Manche, vor langer Zeit entstandenen emotionalen Prägungen können sehr gravierend sein und wirken lange nach. Sie können eine besondere emotionale Verletzlichkeit
hervorrufen. Diese Prägungen können in der Therapie aufgedeckt, d. h.
wieder bewußt gemacht werden; es kann also erarbeitet werden, worin
ihre krankmachende Wirkung (in Kombination mit anderen Faktoren)
besteht. Es ist jedoch – jedenfalls in einem überschaubaren Zeitraum –
unmöglich, sie so zu bearbeiten, daß sie ihre krankmachende Bedeutung verlieren. Wenn sie schon nicht mittels Verarbeitung „beseitigt"
werden können, so sind sie dem Patienten aber immerhin bewußt und

befähigen ihn zu einem anderen Umgang mit ihnen. Die Verhaltenstherapie ist daher bei diesen Aspekten nützlicher als die rein tiefenpsychologisch aufdeckenden Methoden (was wiederum ein Hinweis auf die Zweckmäßigkeit der von uns angewendeten Methodenvielfalt ist).

Ziel der Therapie ist in jedem Fall, zumindest die wesentlichen der zur Krankheit disponierenden Faktoren zu korrigieren und damit die Krankheit in den Griff zu bekommen. Ziel der Therapie ist also nicht, die *gesamte* emotionale Struktur (und damit „die Persönlichkeit") zu ändern. Aber natürlich wird der Patient bei der Suche nach den krankmachenden Besonderheiten auch seine übrigen, *nicht* krankmachenden Gegebenheiten kennenlernen.

Eine zielorientierte Psychotherapie der Alkohol- und Medikamentenabhängigkeit kann sich also ausschließlich auf die Behandlung der krankmachenden Besonderheiten im emotionalen Relief konzentrieren. Sie läßt dabei andere, gegenwärtig nicht abhängig-/krankmachende Besonderheiten außer acht. *Welche* der vielen Prägungen krankmachend sind und welche nicht, muß von jedem einzelnen Menschen individuell in seiner Therapie herausgefunden werden – generelle Aussagen, die für alle gelten, lassen sich nicht machen.

Gelingt es allerdings nicht oder nicht vollständig genug, die krankmachenden Besonderheiten adäquat zu bearbeiten, bleibt dem Rückfall der Boden bereitet.

Bei allen emotionalen Phänomenen muß möglichst am Anfang der Therapie *ein Zugang zur emotionalen Ebene* geschaffen werden, die jeder von uns hat, die viele aber nicht erkennen oder erkennen können bzw. wollen. Dies ist der schon mehrfach erwähnte schwierigste Schritt in der Therapie. Dieser Zugang ist Voraussetzung dafür, daß der (wissentlich oder unwissentlich) auf emotionaler Ebene erkrankte Patient eine Akzeptanz des Umstandes, auf dieser Ebene erkrankt zu sein, erreichen kann. *Diese emotionale Akzeptanz* ist wiederum Grundvoraussetzung dafür, mit der Krankheit im weiteren umzugehen. Der Patient muß also emotional, in seinem Innersten anerkennen, daß mit der Krankheit eine neue, ihm eigene, bleibende „Eigenschaft" entstand, mit der er im weiteren zu leben hat. Nur dann kann er mit der Suchtkrankheit leben, ohne dabei Schuld oder Makelhaftigkeit zu empfinden!

■ Da unserer Ansicht nach die Ursache einer Abhängigkeit auf der emotionalen Ebene liegt (und nicht auf der rationalen, vernünftigen, kognitiven, „mit dem Kopf" zu bewältigenden Ebene), muß die Therapie auch genau dort erfolgen. Es nützt also nichts, wenn Therapie auf der rationalen Ebene ansetzt. Es geht in unserer Therapie nicht so sehr darum, daß der Patient lernt und dann verstandesmäßig begreift, warum er abhängig geworden ist, sondern darum, daß er seine eigene emotionale Struktur erkennen und „fühlen" lernt. Er muß auch akzeptieren, daß diese Struktur im Laufe seines Lebens nun einmal genau *so* entstanden ist, daß er „eben so ist, wie er ist". Diese gefühlsmäßige Akzeptanz stellt das wichtigste Therapieergebnis dar. Weil dieses *Ergebnis* auf der emotionalen Ebene lokalisiert und bearbeitet wurde, ist es also auch selbst emotionaler Art.

Da die Entwicklung des individuellen psychischen Reliefs auch nach der Therapie lebenslang weitergeht, ist eine aktive psychotherapeutische Weiter- und Nachbehandlung (natürlich auch auf der emotionalen Ebene) über eine längere Zeit nötig. Und zwar so lange, bis die Methoden zur Verarbeitung weiterer, im Laufe des Lebens immer wieder auftretender, emotional prägender Ereignisse gut beherrscht werden. *Erst dann* werden solche Ereignisse nicht mehr zu krankmachenden Besonderheiten im emotionalen Relief. *Erst dann* müssen sie nicht mehr ins Unterbewußtsein verdrängt werden, wo sie dann – krankmachend – weiterwirken würden. Zu dieser Nachbehandlung und zur Aufrechterhaltung des emotionalen Therapieergebnisses gehört auch der Besuch von Selbsthilfegruppen (siehe auch S. 80).

■ Das Modell des emotionalen Reliefs hat sich auch außerhalb der eigentlichen Abhängigkeitstherapie, für die es primär entwickelt wurde, als brauchbar erwiesen. Denn die Grundannahmen der Existenz des emotionalen Reliefs mit gelegentlich krankmachenden Gegebenheiten darin enthalten natürlich nicht nur die zur Sucht, sondern auch die zu anderen psychischen Krankheiten disponierenden Aspekte. (Es hat sich z. B.

auch bei Burn-out-Patienten, d. h. bei extremer psychischer und physischer Erschöpfung, sehr bewährt.)

So umfassend diese Betrachtungsweise auch ist, muß man jedoch feststellen, daß sich bei bestimmten psychisch bedingten Krankheiten einige der klassischen Verfahrensweisen als ebenbürtig oder sogar als überlegen erwiesen haben. Das gilt z. B. für die Ängste und Zwänge, welche mit verhaltenstherapeutischen Methoden besser und schneller wirksam angegangen werden können.

Wir hängen keineswegs nur unserem Denkmodell an (das ja aus der Suchtbehandlung stammt), sondern wir berücksichtigen die Erkenntnisse *aller* Methoden. Wir behandeln unsere Patienten – je nach vorliegender Krankheit – mit der jeweils optimalen Therapie. Manchmal werden Methoden auch miteinander kombiniert. Mit dieser Sichtweise haben wir uns von Anfang an schon von den sogenannten „reinen" Vertretern herkömmlicher Therapieschulen unterschieden. Sie akzeptieren die Kombination verschiedener Methoden erst neuerdings, nachdem sie sie lange Zeit als „verwerfliche Polypragmasie" gebrandmarkt hatten. Vergleichende, bewertende Untersuchungen der Therapie von Krankheiten (Metaanalysen) – z. B. die von Grawe (1994) – haben als Ergebnis die Forderung erhoben, die Therapie so aufzubauen, wie wir es schon zehn Jahre früher getan haben.

Wege aus der Abhängigkeit: Die vier Säulen der Therapie

Gegenstand unserer Therapie sind krankhafte, meist stoffgebundene Abhängigkeiten, denen physische und psychische Faktoren zugrunde liegen. Unsere Behandlung stützt sich auf vier Säulen:

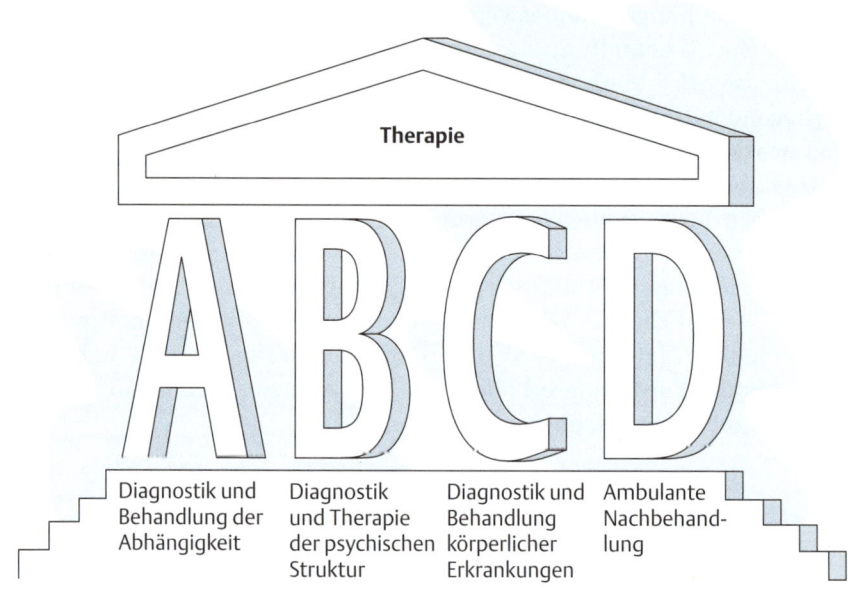

Abb. 4   Die vier Säulen der Therapie

Ziel unserer Abhängigkeitstherapie ist es, den Patienten vom zwanghaften Gebrauch des Suchtmittels zu befreien und dann zu einer dauerhaften Abstinenz zu führen, die er *mühelos* halten kann. Nur wenn das erreicht ist, wird für einen Alkoholkranken die Frage, ob er je wieder Alkohol trinken wird oder nicht irrelevant. *Nur dann* ist er wirklich frei, *nur dann* kann der bis dahin aussichtslose Kampf gegen das Suchtmittel enden.

 # Diagnostik und Behandlung der Abhängigkeit

=== Charakteristik der Abhängigkeit:
Körperliche und psychische Fixation

Es gibt zwei Gruppen von Abhängigkeiten: *stoffliche* (z. B. Alkohol- oder Medikamentensucht) und *nichtstoffliche* (z. B. Spiel- oder Arbeitssucht). Jeder ist in seinem Befinden „abhängig", z. B. von der Zuwendung geliebter Personen oder von erreichten Leistungszielen. Das ist ganz normal. Eine solche Abhängigkeit kann aber durchaus das „Maß des Normalen" überschreiten und damit Krankheitswert erhalten. Beispielsweise kann sich die Abhängigkeit eines liebenden Partners vom anderen bis zur Hörigkeit steigern. Im engeren, klinischen Sinn versteht man unter „Abhängigkeit" immer einen pathologischen Zustand, der behandlungsbedürftig ist. Dieses Buch befaßt sich mit der stofflichen Abhängigkeit, vornehmlich von Alkohol und Medikamenten.

Unsere Grundannahmen (siehe S. 18 und S. 21) zeigen, daß bei bestimmten krankmachenden Prägungen der emotionalen Struktur eine Abhängigkeit entstehen kann. Oft ist es Zufall, ob daraus eine Alkohol- oder eine Medikamentenabhängigkeit wird. Häufig ist beides kombiniert. Nicht selten kommt es vor, daß Alkoholkranke, die das Trinken einstellen, auf Medikamente „umsteigen" – und umgekehrt. Es scheint dann nur so, als ob die Abhängigkeit klinisch nicht mehr relevant wäre. Tatsächlich wirken hier nicht behandelte Strukturen des emotionalen Reliefs weiter. Die Suchtmittel können ausgetauscht werden und es wird jeweils die zur Bewußtseinsveränderung erforderliche Menge des Suchtmittels konsumiert. Man spricht dann von Kreuztoleranz.

Harte Drogen

Nur zwei bis drei Prozent aller Abhängigen sind Fixer. Daß sie im Vergleich mit Alkoholabhängigen eine so überproportionale Beachtung finden, ist vor allem politisch begründet. Der Suchtstoff wird meistens gespritzt, dadurch besteht die Gefahr von Infektionen (z. B. mit HIV). Der Suchtstoff ist teuer und schwer zu bekommen; die dadurch bedingte Beschaffungskriminalität ist bedeutsamer als die Alkoholkranker oder Medikamentenabhängiger. Dagegen ist der volkswirtschaftliche Schaden verhältnismäßig gering, im Vergleich mit dem, der durch die Alkoholkrankheit erzeugt wird.

Harte Drogen führen – nach dem ersten Ausprobieren aus bloßer Neugier – sehr viel schneller in die Abhängigkeit, weil sie stärkere psychische und pharmakologische Wirkungen haben. Wir nehmen an, daß auch bei diesen Drogenabhängigen eine Kombination von krankmachenden Besonderheiten im emotionalen Relief vorhanden ist. Weil der Weg in die Abhängigkeit so kurz ist und weil der Einstieg in harte Drogen in sehr viel früherem Lebensalter erfolgt als etwa bei Alkohol oder Medikamenten, kann sich das emotionale Relief aber gar nicht erst komplexer ausbilden. Demzufolge sind hier probate Therapiemethoden auch nicht so sehr tiefenpsychologisch, sondern eher pädagogisch, auf eine (Nach)Reifung der Persönlichkeit ausgerichtet. In jüngerer Zeit haben wir beide Methoden kombiniert. Dies scheint erfolgversprechend zu sein. Wir behandeln jetzt deswegen auch Kranke mit verschiedenen Formen von Opiatabhängigkeit. Bisherige Versuche sind daran gescheitert, daß bei den Betroffenen zu wenig Therapiemotivation bestand. Ohne Motivation ist eine Therapie jedoch nicht möglich – der Patient selbst macht die Therapie, nicht der Therapeut. Wir nehmen deswegen Drogenabhängige nur dann auf, wenn sie selbst das wollen und auch selbst arrangieren, wenn sie zu einer längeren Therapie bereit sind, wenn sie nicht sozial völlig heruntergekommen sind und unsere ambulante Voruntersuchung ergibt, daß sie sich auf eine Therapie einlassen können.

Körperliche Fixation der Sucht

Der chemische Abbau des Alkohols in der Leber erfolgt durch einen körpereigenen Stoff, die Alkoholdehydrogenase (ein Enzym). 1965 wurde entdeckt, daß es zwei verschiedene Formen dieses Enzyms gibt: die typische und atypische Alkoholdehydrogenase. Eine davon hat jeder Mensch. Die Verteilung beider Formen ist u. a. rassisch bedingt. In Mitteleuropa haben die meisten Menschen die typische, in Asien fast alle die atypische Alkoholdehydrogenase. Das Enzym spaltet ein Wassermolekül aus dem Alkohol ab. Dadurch entsteht ein sehr giftiger Stoff, der Acetaldehyd. Durch die verschieden starke Aktivität der beiden Enzymvarianten beim Abbau des Alkohols entsteht auch der giftige Acetaldehyd verschieden schnell. Die typische Alkoholdehydrogenase baut den Alkohol langsamer ab, dementsprechend langsamer entsteht der giftige Acetaldehyd. Da dieser selbst auch wieder abgebaut wird (von einem weiteren Enzym, siehe S. 42), steigt seine Konzentration nicht so hoch an. Damit bleiben die Vergiftungsbeschwerden (kurzfristig Übelkeit, Blutdruckabfall, Schwindelgefühl, langfristig Leberschädigung) geringer. Das mag zur Erklärung dafür beitragen, daß Europäer Alkohol besser vertragen als Asiaten und infolgedessen vielleicht auch dafür, daß letztere andere Suchtmittel bevorzugen (z. B. Opium).

Stoffliche Suchtmittel wie z. B. Alkohol oder Medikamente und deren Abbauprodukte wirken im Organismus nicht nur als Katalysatoren, d. h. durch ihre bloße Gegenwart. Sie werden vielmehr in den Stoffwechsel des Körpers eingebaut, dort quasi „mitbenutzt". Der Organismus erzeugt selbst bestimmte Stoffe wie Hormone und Enzyme, die ganz bestimmte Wirkungen entfalten und damit Funktionsabläufe regeln. Viele dieser Stoffe werden an einer ganz bestimmten Stelle des Körpers produziert und ins Blut abgegeben. Sie gelangen so zwar überall hin, aber sie entfalten nur an einigen, bestimmten Stellen eine definierte Wirkung. Diese Stoffe sind also hochspezifisch.

Die Suchtmittel und ihre Abbauprodukte klinken sich nun in diesen Ablauf ein: Sie „besetzen" die Stellen im Körper, an denen normalerweise die körpereigenen Stoffe „arbeiten". Sie rufen dort zwar manchmal eine Wirkung hervor, die der der körpereigenen Stoffe zwar ähnlich sind, aber nicht völlig mit ihr identisch. Die körpereigenen Stoffe werden durch diese „Besetzung" sozusagen „arbeitslos"; sie werden nicht verbraucht. Dadurch kommt es im Blut zu einer höheren Konzentration dieser Stoffe. Als Folge davon stellt der Körper die Produktion seiner eigenen Stoffe ein (kybernetischer Regelkreis).

Das Abbauprodukt des Alkohols, der Acetaldehyd, geht aus dem Blut in die Gehirnzellen über. Es ist möglich, daß sich der Acetaldehyd im Gehirn mit den dort immer vorhandenen Eiweißstoffen (biogenen Aminen) verbindet und daß dadurch neue Stoffe entstehen, die dem Suchtmittel Morphin ähnlich sind.

Morphinähnliche Stoffe erzeugt der Körper auch selbst (endogen), man nennt sie deshalb Endorphine (zu ihnen gehören auch die Enkephaline). Sie wirken genauso wie von außen zugeführtes Morphin: sie hemmen die Weiterleitung von Schmerz ans Gehirn. Die Endorphinproduktion wird vom Körper z. B. dann erhöht, wenn der Schmerz nicht (gleich) in vollem Ausmaß ins Bewußtsein dringen soll. Das ermöglicht z. B. einem Marathonläufer, der sich eine Verletzung zugezogen hat, den Wettkampf zu Ende zu bringen, da er die Schmerzen bis dahin höchstens schwach wahrnimmt.

Werden Suchtstoffe (wie Heroin, Morphin und deren Abkömmlinge) von außen zugeführt, ahmen sie die Endorphine, also die körpereigenen „Rauschstoffe", nach und ersetzen sie wahrscheinlich. Wird das Suchtmittel abgesetzt, fehlen diese „Ersatzstoffe" schon nach wenigen Stunden, und die körpereigenen Stoffe sind erst nach einigen Tagen wieder vorhanden. Dieser Vorgang erklärt zum einen, warum Abhängigkeit körperlich so schnell entsteht und zum anderen z. T., warum Entzugserscheinungen auftreten. In der Zwischenzeit besteht nämlich ein Mangelzustand an Endorphinen, der von Patienten während des Entzugs als sehr quälend und schmerzvoll erlebt wird.

Alkohol hat außerdem eine direkte Wirkung auf Nervenzellen, und zwar auf die Membranen (Wände) der Gehirnzellen. Die Membranen stellen sozusagen die Grenzen zu den Nachbarzellen dar. Alkohol kann zunächst dazu führen, daß diese Zellhüllen ihre Struktur verlieren und sich gewissermaßen „verflüssigen". Schon nach fünf bis acht Tagen regelmäßigen und höher dosierten Alkoholgenusses ergreifen die Nervenzellen Gegenmaßnahmen: Die Membranen werden wieder verfestigt, und zwar stärker als das vorher der Fall war. Diese Anpassung bewirkt, daß die Membranen ihre Funktion auch unter Alkoholeinwirkung erfüllen können: Eine Toleranz entsteht.

Wird der Alkohol abgesetzt, sind für die dann wieder eintretenden „normalen" Verhältnisse die Membranen zu fest und können nicht richtig arbeiten. Dies ist ein weiterer der Mechanismen, die die Entzugserscheinungen erklären. Die Nervenzellen müssen sich dieser zusätzlichen Membranverfestigungen erst wieder entledigen.

Wie auf S. 41 schon erwähnt, wird Acetaldehyd, das Abbauprodukt des Alkohols, seinerseits durch einen weiteren körpereigenen Stoff (die Acetaldehyddehydrogenase, ebenfalls ein körpereigenes Enzym) in Kohlendioxyd und Wasser zerlegt. Beide Stoffe werden schließlich vom Körper ausgeschieden. Man hat früher versucht, diesen Abbauprozeß medikamentös zu bremsen, in der Hoffnung, daß es durch eine dadurch erreichte hohe Konzentration des giftigen und unverträglichen Acetaldehyds den Patienten so schlecht geht, daß sie – in Erinnerung daran – von einem weiteren Alkoholmißbrauch absehen. Der Alkoholgenuß sollte dem Trinkenden regelrecht „verekelt" werden. Diese biochemische und verhaltenstherapeutische Maßnahme hat nicht gegriffen, weil sie übersieht, daß es sich dabei um einen Therapieversuch auf der rationalen Ebene handelt (der Patient soll ja „lernen", das Trinken zu unterlassen, weil es ihm sonst wieder schlecht geht), das Problem aber hauptsächlich auf der emotionalen Ebene liegt.

Psychische Fixation der Sucht

Ist Abhängigkeit erst einmal entstanden, wird sie offenbar psychisch verfestigt:

- Hat der Abhängige trotz aller guten Vorsätze doch wieder zum Suchtmittel gegriffen, empfindet er große Scham und Unzulänglichkeit. Der dadurch entstehende emotionale Druck ist für den Betroffenen kaum erträglich. Das Suchtmittel hilft zunächst.

- Außerdem besteht nach unseren Grundannahmen im individuellen psychischen Relief eine Konstellation krankmachender Faktoren, die sich unbehandelt nicht ändern und deswegen das Fortbestehen der Sucht bedingen.

- Der mächtigste psychische Mechanismus ist jedoch der jeder Sucht eigene, ihr innewohnende Zwang zu ihrer Fortsetzung. Diesem Imperativ der Sucht kann sich der Betroffene ohne Hilfe nicht entziehen.

Jeder, der seine stoffliche Abhängigkeit in den Griff bekommen hat, sollte sich aber darüber im klaren sein, daß einige Merkmale seiner psychischen Struktur, die ihn in die klinisch relevante Abhängigkeit geführt haben, erhalten bleiben. Er muß sich darauf einrichten, mit ihnen zu leben. Alle Besonderheiten sind im Einzelfall vielleicht auch nicht zu beseitigen (siehe auch S. 105).

—   *Das innere und das äußere Psychosyndrom*

Die Situation der Patienten (und auch die psychotherapeutische Arbeit) wird noch dadurch erschwert, daß durch die Sucht und die damit verbundene Intoxikation eine psychische Veränderung hervorgerufen wird. Sie ist vor allem durch eine *Störung der Realitätswahrnehmung* gekennzeichnet. Die Betroffenen selbst *können* diese Veränderung nicht bemerken. Sie beeinträchtigt aber die Beziehung zu den Bezugspersonen, weil die Kranken ihre falsch wahrgenommene Realität für die richtige halten und dann danach handeln und reagieren: Die Betroffenen verlieren das „Gespür" für den Umgang mit anderen Menschen, für die Zwischentöne bei Gesprächen, verstehen viele Situationen nicht mehr. Die Bezugspersonen ziehen sich daraufhin zurück, weil sie mit dem Kranken zunehmend weniger „anfangen" können. Soziale Vereinsamung des Betroffenen ist die Folge.

Weil es die Krankheit mit sich bringt, daß er diese Veränderungen *selbst* nicht bemerken kann, bekommt er die Krankheit auch nicht *selbst* in den Griff – obwohl er sich das wünscht und alle wohlmeinen-

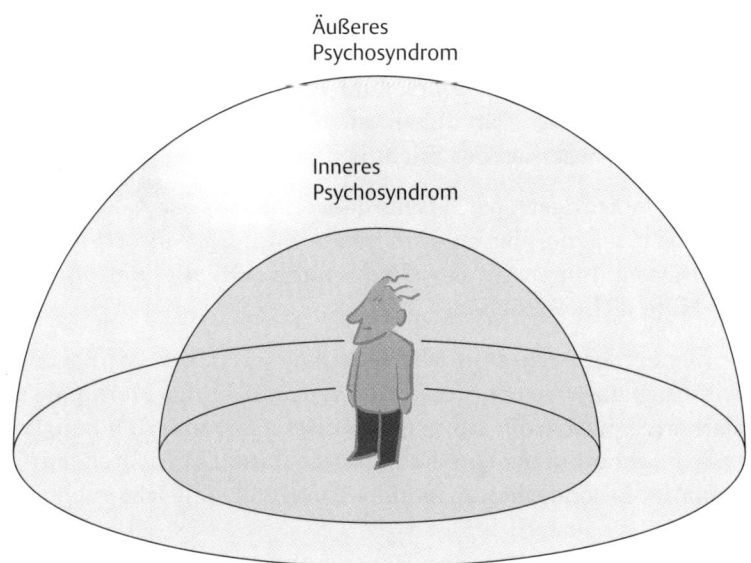

Abb. 5   Das innere und das äußere Psychosyndrom

den Bezugspersonen ihm dazu raten. Wie soll auch ein Kranker etwas ändern, das er nicht erkennt, nicht erkennen *kann*?

Weil diese psychische Veränderung den Patienten bei Therapiebeginn am engsten umschließt und die Ursache für seine aktuellen Schwierigkeiten ist, haben wir sie **inneres Psychosyndrom** genannt. Es verschwindet innerhalb von zwei bis drei Wochen Abstinenz. Während dieser Zeit kann sich der Patient zunehmend reorientieren und die sozialen Beziehungen (in der Regel zunächst zu Mitpatienten und Therapeuten) wieder richtig wahrnehmen. Trotz- und außerdem besteht natürlich die Kombination krankmachender Besonderheiten im emotionalen Relief (**äußeres Psychosyndrom**), die nach dem Abklingen des inneren Psychosyndroms behandelt werden muß (siehe Abb. 5, S. 44). Ist das innere Psychosyndrom also unmittelbar krankheits- und intoxikationsbedingt, so finden sich im äußeren Psychosyndrom die *eigentlichen* Wurzeln der Krankheitsentstehung.

—— Sind die Gene schuld?

Neben *unserem* Erklärungsmodell für eine stoffliche Sucht werden selbstverständlich noch viele andere Faktoren diskutiert. Sie sind auch von Bedeutung. Ein Faktor ist u.a. die erbliche Disposition. Bei verschiedenen *anderen* Erkrankungen ist ein entsprechender Nachweis im Erbgut schon gelungen. Dort kann ein Leiden innerhalb einer Familie weitervererbt werden (familiäre Häufung).

Da die Familie aber durch einen Alkoholkranken sehr geprägt wird, ist es schwer, eine genetische Disposition von anderen Ursachen der Krankheitsentstehung zu unterscheiden. Ein alkoholabhängiger Vater z. B. ist für die heranwachsenden Kinder ein nachahmenswertes Vorbild, auch wenn sein Verhalten tatsächlich gar nicht nachahmenswert ist. Ein Kind empfindet nämlich *jedes* Verhalten von Mutter und Vater nachahmenswert (nicht nur das abhängiger Eltern). Das Kind lernt, daß die Eltern Entscheidungsmacht haben und daß ihr Verhalten richtig ist. Respekt und Ehrerbietung werden ihnen als erstrebenswert hingestellt, auch wenn Dritte das ganz und gar nicht so sehen. Insofern schafft eine solche „Erziehung" der Kinder möglicherweise die Grundlagen für eine spätere Abhängigkeit. Da außerdem vielleicht auch eine genetische Disposition von den abhängigen Eltern auf die Kinder übertragen wurde, läßt sich letztendlich später kaum mehr klären, was die Ursache für die Entstehung der Suchtkrankheit ist. Ein definitiver Nachweis, insbesondere eines immer gleichen Mechanismus bei familiären Häufungen von Abhängigkeit, ist bis jetzt zwar nicht sicher gelungen, aber sehr wahrscheinlich. Umfangreiche Untersuchungen, z. B. an eineiigen Zwillingen, die ja genau das gleiche Erbgut haben, sprechen für diese Wahrscheinlichkeit. Eine erbliche Disposition ist (bzw. wäre) aber nicht behandelbar. Für die Betroffenen hat die Diskussion daher nur theoretischen Wert.

═══ Gibt es einen Unterschied zwischen physischer und psychischer Abhängigkeit?

Der Krankheitsverlauf bei stoffgebundenen Abhängigkeiten wird durch physische und psychische Faktoren bestimmt. Wie stark sie jeweils ausgeprägt sind und ob einer davon mehr oder weniger dominiert, ist individuell verschieden. Eine Zweiteilung in physische und psychische Abhängigkeit läßt sich daraus jedoch nicht ableiten. Solche Tendenzen sind immer wieder zu beobachten. Es ist nicht richtig, wenn jemand behauptet, daß er „nur" körperlich oder „nur" psychisch abhängig sei. *Beide Teile gehören immer zu derselben Erkrankung* und das Fehlen (bzw. Zurücktreten) des einen gegenüber dem anderen ändert nichts an der Gesamtdiagnose.

Die körperlichen Folgeerscheinungen der Abhängigkeit zeigen eine große Variabilität. Es ist bis heute unbekannt, warum bei welchen Patienten welche Erstmanifestationen an den Organen auftritt. Manche erleiden zunächst einen Leberschaden, andere einen Herzmuskelschaden, bei anderen kommt es zuerst zu Krampfanfällen, bei wieder anderen zu Knochenmarkschäden mit Veränderung der Blutzusammensetzung, bei vielen tritt alles zugleich auf. Es gibt sogar einige Abhängige, bei denen so gut wie gar keine körperlichen Folgeerscheinungen zu beobachten sind, obwohl die Abhängigkeitserkrankung (dann im psychischen Bereich) weit fortgeschritten ist.

Trinkmenge und -dauer korrelieren meist in relativ hohem Maße mit körperlichen Folgeerscheinungen. Im Einzelfall kann aber eine große Diskrepanz zwischen den richtigen (!) Angaben des Patienten über seinen Alkoholkonsum und dem Ausmaß körperlicher Folgeerscheinungen bestehen.

Weniger eng ist die Korrelation zwischen Trinkmenge und -dauer und dem Entstehen des psychischen Teils der Abhängigkeit (was sich durch unser Denkmodell erklären läßt).

Zu uns sind schon Patienten gekommen mit der Ansicht, sie seien abhängig, weil sie über einen sehr langen Zeitraum täglich große Alkoholmengen konsumieren. Wir fanden zwar schwere körperliche Folgeerkrankungen an allen Organen, eine *psychische* Abhängigkeit konnten wir jedoch nicht feststellen. Umgekehrt haben wir gesehen, daß sogar bei relativ kurzem und mäßigem Alkoholmißbrauch eine *physische* Abhängigkeit entstand, ohne daß schon körperliche Folgeerkrankungen vorhanden gewesen wären.

Daran sieht man, daß diese Korrelationen nur aus statistischen Größen resultieren. *Nur statistisch* ist es richtig, daß jemand, der lange und viel trinkt, abhängig wird. Im Einzelfall ist jedoch eine sichere Diagnose, ob denn nun eine Abhängigkeit vorliegt oder (noch) nicht, manchmal auch für Fachleute schwierig.

=== Woran kann man erkennen, ob eine Abhängigkeit vorliegt?

Zwischen einem (noch) mißbräuchlich-Vieltrinkenden und einem (schon) Abhängigen besteht eine „graue" Übergangszone. Weil sich heute immer mehr Patienten als früher für eine Therapie entscheiden und nicht mehr so lange abwarten, bis sie psychisch und physisch vollkommen zerstört sind, sehen wir bei der Aufnahme viele Patienten in eben dieser „Grauzone".

Die Differentialdiagnose zwischen (noch) Vieltrinkern und (schon) Abhängigen ist auch deshalb schwierig, weil es nur *drei sichere Zeichen* für das Vorliegen einer Abhängigkeit gibt. Ist allerdings auch nur *eines* von ihnen festzustellen, besteht an der Diagnose der Abhängigkeit kein Zweifel mehr.

Sichere Zeichen für Abhängigkeit
1. Kontrollverlust über die Menge des Suchtmittels: Damit ist gemeint, daß jemand, der wieder einmal mit einem Alkohol- (oder Medikamenten)konsum begonnen hat, von sich aus nicht mehr aufhören kann, bis er schließlich erschöpft ist und einschläft. Der amerikanische Forscher Jellinek hat dies so definiert: eine Person kann sich nicht si-

cher sein, daß sie beim Gebrauch des Suchtmittels in der Lage sein wird, den Konsum zu begrenzen. Das schließt allerdings nicht aus, daß jemand über lange Zeit hinweg und unter sozialer Kontrolle (d. h. unter Aufsicht von Familienmitgliedern, Freunden, Kollegen u. a.) nur geringe Dosen des Suchtmittels zu sich nimmt. Auch dann, wenn der Kontrollverlust über die Trinkmenge nur gelegentlich vorkommt, kann man sicher sein, daß das Suchtmittel den Patienten im Griff hat – und nicht mehr umgekehrt. Dieses Zeichen ist international anerkannt.

Der Begriff „Kontrollverlust" meint *hier* also ausdrücklich *nicht*, daß jemand die Kontrolle über seine Handlungsweisen verliert, also vermindert zurechnungsfähig ist, weil er sich mittels eines Suchtmittels in einen Zustand veränderten Bewußtseins versetzt.

2. *„Suchtdruck":* Damit ist gemeint, daß ein Patient, noch im Vollbesitz seiner geistigen Kräfte, es trotz ernstem Willen und gutem „Vorsatz" nicht dauerhaft schafft, das Suchtmittel nicht wieder einzunehmen.

3. *Entzugssymptome:* Nachtschweiß, Schlafstörungen, Blutdruckschwankungen, im psychischen Bereich frei flottierende Ängste, depressive Verstimmungen, unter Umständen auch ein Delirium mit optischen Halluzinationen und Orientierungsverlust bezüglich Zeit, Person und Ort. Auch das Auftreten epileptischer Krampfanfälle, während der Trinkzeit oder nach Absetzversuchen, gehört dazu. Beide Zeichen können auch andere Ursachen haben (auch bei nichtsüchtigen Patienten). Sie sind immer im Zusammenhang mit der Krankheitsgeschichte zu beurteilen, besonders der suchtbezogenen (s. auch S. 70).

Wir haben allerdings erlebt, daß Patienten, die sehr lange große Mengen Alkohol konsumierten und trotzdem (psychisch) nicht abhängig wurden, ebenfalls Entzugssymptome hatten. Es ist eine Frage der Definition, ob man das Auftreten von Entzugserscheinungen als sicheres Zeichen der Abhängigkeit oder als indizielles betrachten will. Dem allgemeinen Sprachgebrauch zufolge haben wir es hier unter die sicheren Zeichen eingeordnet.

Darüber hinaus erheben wir bei jedem Patienten eine Vielzahl anderer Daten, die zwar nicht jede für sich allein, aber doch im Zusammenspiel miteinander die Diagnose wahrscheinlicher (oder unwahrscheinlicher) machen und schließlich sichern. Diese anderen Zeichen tragen also, quasi wie Indizien (wir nennen sie deswegen hier indizielle Zeichen) zur Komplettierung der Diagnose bei. Bei sorgfältiger diagnostischer Arbeit kann bei mehr als 95% aller Patienten auf diese Weise eine sichere Diagnose gestellt werden.

Indizielle Zeichen

1. Die suchtbezogene Vorgeschichte: Sie kann auf das Vorliegen einer Abhängigkeit hinweisen. Für die Diagnostik werden u. a. folgende Daten erhoben: langsam ansteigender Suchtmittelkonsum (in Dosis und Häufigkeit) und beginnende Toleranzentwicklung gegenüber dem Suchtmittel (d. h. daß nach einer Zeit des Mißbrauchs höhere Mengen ohne Auffälligkeiten im Verhalten vertragen werden als am Anfang). Zur Erhebung und Beurteilung dieser Daten gibt es Tests. Wir bedienen uns vornehmlich des Münchner-Alkoholiker-Tests (MALT), den wir für die Besonderheiten unserer Patienten geringfügig modifiziert haben. Wir benutzen aber auch andere Zusammenstellungen von Daten und Symptomen. Ein Beispiel gibt Abb. 6, S. 50.

2. Die Funktion des Suchtmittels: Das Suchtmittel kann der Leistungssteigerung und/oder dem Lustgewinn und/oder der Vermeidung von als unangenehm wahrgenommenen körperlichen, vegetativen oder psychischen Beschwerden dienen. Ist letzteres der Fall, entsteht meist ein Teufelskreis, denn es kommt über eine sog. Reizgeneralisierung (d. h. mehr und mehr verschiedene Reize haben im Lauf der Zeit dieselbe, dann zu „betäubende" Wirkung) zu einer geringeren individuellen Belastbarkeit, die dann wiederum einen höheren Suchtmittelkonsum verlangt, um das Versagensgefühl als Folge der geringeren Belastbarkeit aushalten zu können.

3. Persönlichkeitsveränderungen: Neben diesen intrapersonellen (innerhalb einer Person liegenden) Daten sind natürlich auch die interpersonellen Daten (d. h. solche, die die Beziehungen zu anderen Personen beschreiben) zu beobachten und zu erheben. Dabei spielen nicht nur Störungen in der privaten Umgebung, sondern auch am Arbeitsplatz eine Rolle: Nachlassen der Zuverlässigkeit, Ansteigen der Fehlzeiten, Verlust der Kreativität und Disziplin, Konsum von Suchtmitteln während der Dienstzeit usw. Da, wie oben ausgeführt, der Übergang von einem Mißbrauch zu einer Abhängigkeit langsam und

✍ **Sind Sie Alkoholiker?**	ja	nein
1. Haben Sie Gedächtnislücken nach starkem Trinken?	☐	☐
2. Verbergen Sie Alkoholgenuß?	☐	☐
3. Hat sich Ihre Alkoholverträglichkeit geändert?	☐	☐
4. Denken Sie häufig an Alkohol?	☐	☐
5. Trinken Sie die ersten Gläser hastig?	☐	☐
6. Haben Sie wegen Ihres Trinkens Schuldgefühle?	☐	☐
7. Vermeiden Sie in Gesprächen Anspielungen auf Alkohol?	☐	☐
8. Haben Sie nach den ersten Gläsern ein Verlangen, weiterzutrinken?	☐	☐
9. Gebrauchen Sie besondere Begründungen, warum Sie trinken?	☐	☐
10. Finden Sie sich irgendwie bemitleidenswert?	☐	☐
11. Sind äußere Umstände oder Personen schuld an Ihrem Alkoholkonsum?	☐	☐
12. Zeigen Sie ein besonders aggressives Benehmen gegen die Umwelt?	☐	☐
13. Haben Sie einen Interesseverlust an anderen Dingen (als an Alkohol) bemerkt?	☐	☐
14. Versuchten Sie periodenweise völlig abstinent zu leben?	☐	☐
15. Neigen Sie zu innerer Zerknirschung, innerem Druck- oder Schuldgefühl wegen des Trinkens?	☐	☐
16. Haben Sie ein Trinksystem versucht (z. B. nicht vor bestimmten Zeiten zu trinken)?	☐	☐
17. Haben Sie häufiger den Arbeitsplatz gewechselt?	☐	☐
18. Haben sich Veränderungen im Familienleben, in den Beziehungen zu Freunden und Bekannten ergeben?	☐	☐
19. Richten Sie Ihre Arbeit und Ihren Lebensstil auf den Alkohol ein? Ein bißchen?	☐	☐
20. Neigen Sie dazu, sich einen Vorrat an Alkohol (oder Medikamenten) zu sichern?	☐	☐
21. Vernachlässigen Sie Ihre Ernährung?	☐	☐
22. Trinken Sie manchmal (regelmäßig) schon am Morgen?	☐	☐
23. Haben Sie mitunter tagelang hintereinander getrunken?	☐	☐
24. Beobachten Sie einen moralischen Abbau oder eine Veränderung im Sexualleben an sich selbst?	☐	☐
25. Wurde Ihr Denkvermögen verändert?	☐	☐
26. Trinken Sie öfter mit Personen, die weit unter Ihrem Niveau stehen?	☐	☐
27. Wurde Ihre Alkoholverträglichkeit geringer?	☐	☐
28. Beobachten Sie morgendliches Zittern oder Schwitzen vermehrt?	☐	☐
29. Haben Sie Durchschlafstörungen?	☐	☐
30. Haben Sie Freunde, Kollegen, Vorgesetzte auf Ihren Alkoholkonsum angesprochen?	☐	☐
31. Können Sie mit Alkohol / Medikamenten in bestimmten Mengen besser denken und arbeiten?	☐	☐

Auswertung: Wenn Sie bei ehrlicher Selbstprüfung mehr als 6 Fragen mit „ja" beantworten können, besteht die Wahrscheinlichkeit, wenn es mehr als 10 Fragen sind, die an Sicherheit grenzende Wahrscheinlichkeit, daß Sie Alkoholiker sind.

Abb. 6   Fragebogen zur Selbstdiagnose nach einem Bericht der Weltgesundheitsorganisation (WHO) von Prof. E. M. Jellinek

fließend geschieht, ist zu erwarten, daß solche Auffälligkeiten von anderen auch erst langsam bemerkt und auf eine Sucht bezogen werden. Deswegen hinkt die Schlußfolgerung von Bezugspersonen, daß eine Abhängigkeit eingetreten und wie weit diese schon fortgeschritten sei, meist dem tatsächlichen Stand der Entwicklung dieser Abhängigkeit hinterher (siehe auch Abb. 7, S. 52).

Generell können wir beobachten: Je höher die Position eines Patienten in der Hierarchie eines Betriebes ist, desto länger braucht es, bis sein Trinkverhalten (und damit die Abhängigkeit) Gesprächsthema wird. Mit der Höhe der Position steigen nämlich auch die Möglichkeiten, die Entwicklung zu kaschieren. Gleichzeitig sinkt der Mut der Untergebenen, den Vorgesetzten auf seine Abhängigkeit offen anzusprechen. Zudem sind die engsten Mitarbeiter einer Führungskraft häufig von ihr selbst in ihre Positionen gebracht worden und fürchten, gegebenenfalls mit ihrem Chef zu „stürzen". Die Vermutung, daß eine abhängig gewordene Führungskraft „stürzt", wenn die Krankheit bekannt wird, entspricht allerdings nicht (mehr) der Realität: Erstens hat die allgemeinere Verbreitung der Kenntnis, daß Abhängigkeit eine „heilbare" Krankheit ist, zu einem Sinneswandel bei den Arbeitgebern geführt, und zweitens verliert die Firma mit dem Rausschmiß (und sei er noch so vergoldet) auch die manchmal schwer zu ersetzende Kompetenz des Mitarbeiters – besonders bei Führungskräften. Das ist viel teurer als eine Therapie. Wir erleben deswegen zunehmend, daß (insbesondere größere) Firmen die Therapie bei uns sogar finanziell übernehmen. Auch die Versorgungswerke besonderer Berufsstände, z. B. der Ärzte, Zahn- und Tierärzte, übernehmen fast regelmäßig die Therapiekosten. Nicht zuletzt geschieht das, um die Berufs- und damit die Beitragsfähigkeit zu erhalten und die sonst fällige Frühberentung zu vermeiden – also auch aus Kostengründen.

Anfangs passiert also in der Arbeitswelt dasselbe, was wir regelmäßig in Familien beobachten können: Alle Beteiligten versuchen aus verschiedenen Gründen und Motivationen, die Tatsache der entstandenen Sucht zu kaschieren – anstatt den Kranken damit zu konfrontieren. Dieses Verhalten der Bezugspersonen ist Teil eines Erscheinungsbildes, das Co-Alkoholismus genannt wird (siehe auch S. 109).

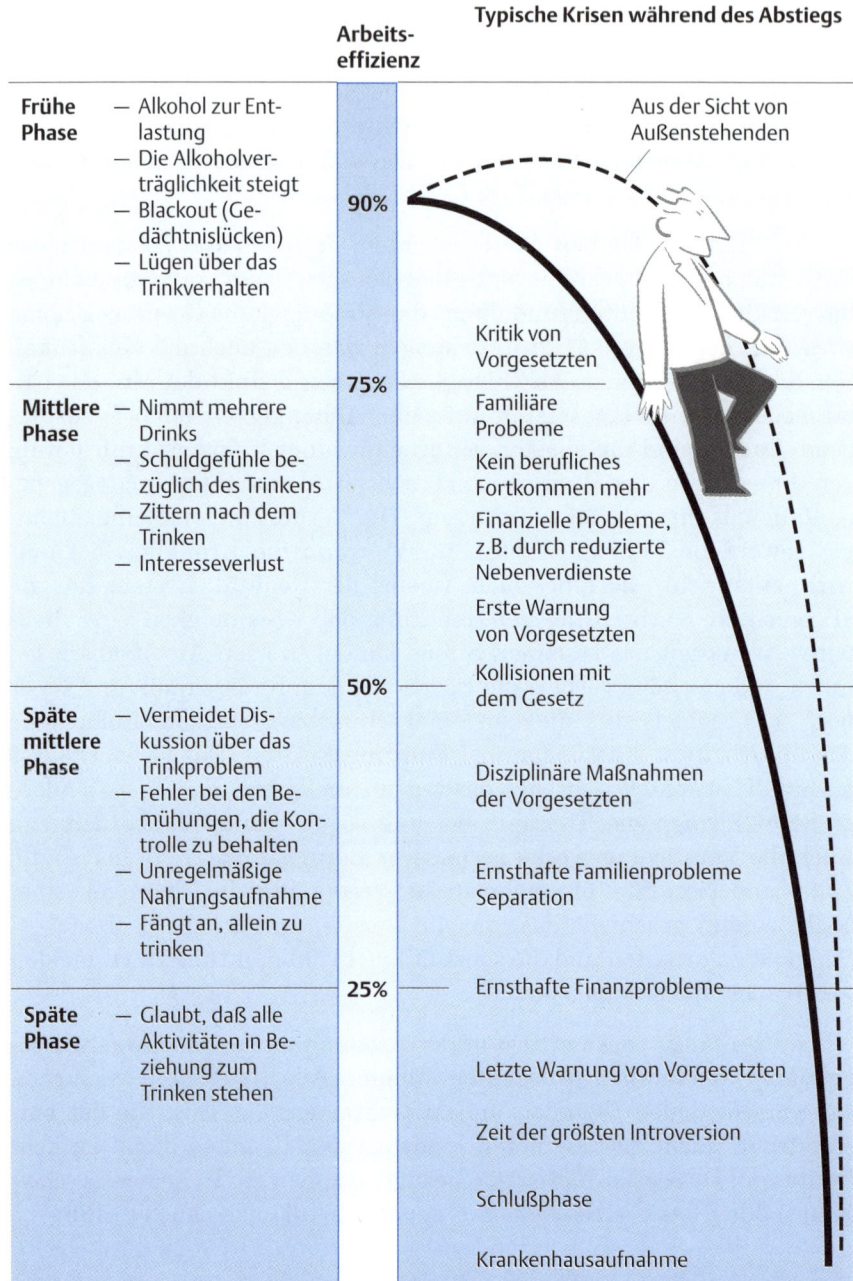

		Typische Krisen während des Abstiegs
	Arbeits-effizienz	

Frühe Phase
— Alkohol zur Entlastung
— Die Alkoholverträglichkeit steigt
— Blackout (Gedächtnislücken)
— Lügen über das Trinkverhalten

90%

Aus der Sicht von Außenstehenden

Kritik von Vorgesetzten

75%

Mittlere Phase
— Nimmt mehrere Drinks
— Schuldgefühle bezüglich des Trinkens
— Zittern nach dem Trinken
— Interesseverlust

Familiäre Probleme

Kein berufliches Fortkommen mehr

Finanzielle Probleme, z.B. durch reduzierte Nebenverdienste

Erste Warnung von Vorgesetzten

50%

Kollisionen mit dem Gesetz

Späte mittlere Phase
— Vermeidet Diskussion über das Trinkproblem
— Fehler bei den Bemühungen, die Kontrolle zu behalten
— Unregelmäßige Nahrungsaufnahme
— Fängt an, allein zu trinken

Disziplinäre Maßnahmen der Vorgesetzten

Ernsthafte Familienprobleme Separation

25%

Ernsthafte Finanzprobleme

Späte Phase
— Glaubt, daß alle Aktivitäten in Beziehung zum Trinken stehen

Letzte Warnung von Vorgesetzten

Zeit der größten Introversion

Schlußphase

Krankenhausaufnahme

Abb. 7   Wie sich ein Alkoholiker im Beruf verhält

Sichtbare Zeichen:

Anwesenheit	Generelles Verhalten	Berufsausübung
— Kommt zu spät (z.B. nach dem Essen) — Verläßt die Arbeit früher — Ist nicht im Büro	— Mitarbeiter beklagen sich — Reagiert empfindlich auf tatsächliche oder vermeintliche Kritik — Klagt über Unwohlsein — Lügt	— Vergißt Termine — Fehler durch Unaufmerksamkeit oder falsche Beurteilung — Sinkende Effizienz
— Fehlt öfter ganze Tage mit unglaubwürdigen oder unklaren Entschuldigungen	— Statements werden unzusammenhängend — Beginnt Bezugspersonen zu meiden — Borgt Geld von Mitarbeitern — Häufiger im Krankenhaus als durchschnittlich — Wiederholte kleine Unregelmäßigkeiten im Berufs- und Privatleben — Unbegründetes Beleidigtsein	— Generelle Minderleistung mit periodischen Überaktivitäten — Wechselnde Aufmerksamkeit — Konzentrationsverlust
— Fehlt häufig, manchmal einige Tage — Kommt nicht vom Essen zurück	— Prahlerisch, aggressiv oder depressiv — Häusliche Probleme interferieren mit Berufsproblemen — Beginnender Verlust ethischer Grundsätze — Geldprobleme, Gehaltsforderungen — Krankenhausaufenthalte nehmen zu — Vermeidet die Diskussion seines Problems — Schwierigkeiten mit dem Gesetz	— Deutlich unter dem erwarteten Niveau
— Verlängerte unerklärliche Abwesenheiten	— Trinkt bei der Arbeit — Total zusammenhanglos — Wiederholte Krankenhausaufenthalte — Sichtbarer körperlicher Verfall — Schwere Geldprobleme — Ernste Familienprobleme und/oder Scheidung	— Insuffizienz und Inkompetenz

Therapiemaßnahmen in den ersten Tagen: Der Entzug

Die Therapiemaßnahmen in den ersten Tagen werden von den Patienten sehr gefürchtet. Oft haben sie von anderen schon schlimme Dinge über diese fürchterliche Zeit gehört. Manche haben sie auch schon mitgemacht, teilweise in allgemeinen Krankenhäusern, wo ihnen schlecht über diese Zeit geholfen wurde.

Obwohl sich dieses Thema mit der Schilderung der Säule C (somatische Behandlung) vielfach überschneidet, soll es in einigen Teilen auch hier erwähnt werden.

Am Beginn der Abhängigentherapie steht der Entzug des Suchtmittels. Alkohol setzen wir sofort und abrupt ab. Bei Benzodiazepinen hat sich ein langsames Absetzen besser bewährt, weil sonst die Entzugserscheinungen sehr stark und auch gefährlich sind. Ein schneller (sog. „kalter") Entzug rechtfertigt nicht die damit verbundenen größeren, teilweise sehr quälenden Beschwerden. Der Suchtdruck wird dann so stark und imperativ, daß viele Patienten den Entzug trotz unserer Hilfe nicht durchhalten.

Die auftretenden Entzugserscheinungen werden von uns, wenn nötig, medikamentös gedämpft. Die anderswo vertretene Philosophie, daß es dem Abhängigen ruhig mal richtig schlecht gehen solle, damit er sich nun „merke", daß er keine Suchtmittel mehr zu sich nehmen darf, halten wir für ärztlich nicht vertretbar *und* therapeutisch nicht für hilfreich. Weil nämlich die Sucht eine Erkrankung auf der emotionalen Ebene ist, führt eine solche pädagogische Haltung, welche sich auf der rationalen Ebene bewegt, nicht zum gewünschten Erfolg. Außerdem sind Ärzte und Therapeuten Helfer des Patienten und nicht seine Erzieher oder Folterer!

Einige Medikamente, die den Entzug erleichtern helfen (z. B. Distraneurin), können selbst gefährlich sein. Manche davon machen abhängig, wenngleich sie auch die Entzugssymptome eines Alkoholmißbrauches in mehrfacher Hinsicht positiv beeinflussen (das täte aber das Suchtmittel selbst auch!). Deswegen ist es notwendig, diese Mittel sehr sorgfältig einzusetzen, in genauer, individueller Dosierung, jeweils so viel wie *eben nötig* und gleichzeitig so wenig wie irgend möglich. Das erfolgt unter intensiver ärztlicher und pflegerischer Betreuung, gegebenenfalls auch stationär als Intensiv-Pflege (entsprechende Betten sind bei uns vorhanden). Ziel dieser Medikation ist es, den Patienten ohne allzu große Quälerei zu entgiften. In den letzten Jahren sind wir zunehmend dazu übergegangen, statt Distraneurin den Stoff Carbamazepin (Tegretal) einzusetzen. Allerdings reicht das nicht in allen Fällen, so daß wir das Distraneurin dann noch brauchen.

Im Rahmen der sich weit über die Zeit des Entzugs hinaus erstreckenden, speziellen Suchtdiagnostik und -therapie, die bei uns von eigens dafür ausgebildeten Therapeuten in Einzel- und Gruppentherapien durchgeführt werden, geht es zunächst um eine empathisch-warme Annahme des Patienten, um sein „Abholen" von dort, wo er gerade steht, um Informationsvermittlung, Bearbeitung des immer vorhandenen Scham-, Schuld- und Makelgefühls, später um die Erarbeitung der individuellen Funktionalität des Suchtmittels, Vermittlung von Sachkenntnissen über die Krankheit, Erläuterung von fachlichen Begriffen wie Co-Alkoholismus und anderes. Es gibt bei uns nur eine lose Reihenfolge der Themenbearbeitung. Sie richtet sich danach, wo beim jeweiligen Patienten am ehesten Ansprache und Hilfe erforderlich erscheint. Die speziellen Suchttherapeuten sind eng eingebunden in die gleichzeitig ablaufenden anderen Therapien. In allen Bereichen *zusammen* wird eine Ausdifferenzierung und Wiedergewinnung der eigenen Wahrnehmung angestrebt, die den Patienten dann dazu befähigt, adäquate Lösungsstrategien auf emotionaler und rationaler Ebene für sich zu entwickeln, so daß er das bisherige „Mittel" mit dessen Funktionalität entbehren kann.

Ist eine stationäre Behandlung der Abhängigkeit erforderlich?

Eine stationäre Therapie der stofflichen Abhängigkeit ist nur dann erforderlich, wenn die Möglichkeiten einer ambulanten Behandlung nicht ausreichen. Im Vorfeld einer Behandlung stehen fast alle Betroffenen vor der Frage, ob denn eine ambulante Therapie nicht ausreichend sei. Dabei spielen nach unserer Erfahrung Gründe der Praktikabilität, des Bestrebens, so wenig wie möglich auffällig zu werden, die mangelnde Einsicht in Schwere und Lebensbedrohlichkeit der Erkrankung, fehlendes Wissen, Schuld, Scham usw. eine Rolle.

Nur unter Berücksichtigung aller Gegebenheiten im Einzelfall ist eine Beurteilung dieser Frage möglich. Deswegen bieten wir jedem an, unverbindlich mit uns ein Vorgespräch über diese Punkte zu führen.

Aus den gleichen Gründen sind im Bereich der gesetzlichen Kostenträger 1995 Kriterien entwickelt worden, nach denen die Indikation für die stationäre bzw. die ambulante Therapie etwas schematisch unterschieden werden soll. Bei unseren – in der Regel selbstzahlenden – Patienten (leitende Angestellte und Beamte, Freiberufler sowie Angehörige dieser Patienten), sind diese Kriterien nur näherungsweise verwendbar.

Unsere Patienten unterscheiden sich in manchem vom sog. sozialversicherten „Durchschnittspatienten". Nicht immer haben sie es dabei leichter, in einigen Bereichen haben sie aber auch weniger Schwierigkeiten.

Bei unseren Patienten spielt die *Motivation* zur Therapie nicht *die* Rolle wie in den allgemeinen Abhängigkeitskliniken. Natürlich haben auch wir Patienten, die mehr unter dem Druck ihrer Angehörigen oder sonstigen Bezugspersonen zu uns gekommen sind, als aus eigenem Antrieb. Da niemand eine Psychotherapie machen kann, der dies nicht selber wirklich will und bereit ist, sich auf sie einzulassen, müssen auch wir gegebenenfalls Motivationsarbeit leisten. Dies geschieht schon in der Entgiftungsphase. Motivierend sind sicherlich auch unsere „unspezifischen" Wirkfaktoren (siehe S. 89).

Während wir in den ersten Jahren unserer Arbeit die Behandlung von Patienten ablehnten, die nicht von vorneherein eine kausale (auf die Ursache ausgerichtete) Therapie ihrer Abhängigkeit machen wollten, haben wir in den letzten Jahren dazugelernt: Vielen Patienten, die zwar sehen, daß sie einen Entzug benötigen, aus eigener Kraft den Suchtmittelgebrauch nicht beenden können und zunehmend körperliche Folgeerscheinungen verspüren, die aber trotzdem noch glauben, nicht *so* abhängig zu sein, daß sie die Sache nicht mehr selbst in den Griff bekommen können, kann nur dann geholfen werden, wenn wir ihnen den Entzug anbieten und sie zu einer kausalen, umfassenden Therapie zu motivieren versuchen. Dabei wirkt sich auch der Kontakt zu anderen Patienten im Hause, deren Akzeptanz, suchtkrank zu sein, weiter fortgeschritten ist, positiv aus.

Viele unserer Patienten haben es in der Therapie durch ihre meist überdurchschnittlich geschulten kognitiven und intellektuellen Fähigkeiten leichter. Andererseits ist es für sie – eben wegen ihrer intellektuellen Gegebenheiten – oft schwerer, sich von der (ihnen vertrauten) rationalen Ebene auf die hier wichtige emotionale Ebene zu begeben.

=== Gibt es Medikamente gegen die Abhängigkeit?

Wenn eine Abhängigkeit *stationär* behandelt werden muß, spielen die in letzter Zeit sehr viel diskutierten Mittel gegen den Suchtdruck (sog. Anti-Craving-Substanzen) eine untergeordnete Rolle. Sie seien dennoch hier erwähnt.

Im wesentlichen geht es gegenwärtig um den Opiat-Antagonisten Naltrexon und den Glutamat-Antagonisten Acamprosat (Campral). Beide wirken auf das Krankheitssymptom „Suchtdruck" erwiesenermaßen. *Beide Mittel ersetzen eine Psychotherapie jedoch nicht.* Sie wirken nur auf *ein Symptom* der Alkoholkrankheit, helfen also gegen die Krankheit selbst nicht. Sie ändern nichts an den psychopathologischen Grundlagen, deren Sanierung aber erforderlich ist, um langfristig dem Rückfall den Boden zu entziehen. Nach den biochemischen Angriffspunkten dieser Medikamente ist dies nicht anders zu erwarten.

Da viele Patienten vor der Therapie bzw. bei deren Beginn ihre Suchtkrankheit noch nicht akzeptiert haben und daher natürlich auch nicht davon überzeugt sind, daß eine intensive Psychotherapie zum Erreichen eines langfristigen Erfolges erforderlich ist, birgt der Einsatz von Medikamenten zur Herabsetzung des Suchtdruckes die Gefahr, daß die Patienten eine solche grundlegende Therapie vermeiden oder verschieben, besonders weil sie in dieser Zeit der Selbsttäuschungen und der verminderten Realitätswahrnehmung gar nicht anders können.

Da diese Medikamente grundsätzlich keine Heilung der Suchtkrankheit bewirken (und auch nicht versprechen), ist zu befürchten, daß die Krankheit bei vielen Patienten durch die oben beschriebene Fehleinschätzung verlängert wird. Der Körper wird dem Suchtmittel auch weiterhin ausgesetzt, woraus wiederum eine weitergehende Organschädigung, die dann vielleicht dauerhaft wird, resultieren könnte.

Auch wir verwenden – gezielt und bei besonderer Indikation – diese Medikamente, aber nur als *Hilfs*mittel und nicht als *Heil*mittel in der Abhängigkeitsbehandlung.

B Diagnostik und Therapie der psychischen Struktur

Jeder Patient erkundet mit Hilfe der (tiefenpsychologisch orientierten) Therapeuten die psychischen, krankmachenden Gegebenheiten seines emotionalen Reliefs. Je nach der zu bearbeitenden Konstellation werden im Einzelfall zusätzlich auch andere therapeutische Verfahren, z. B. Verhaltens-, Familien- oder Gestalttherapie angewandt. *Die Vorgehensweise richtet sich jedoch immer nach unseren Grundannahmen.* Da wir davon ausgehen, daß jede Abhängigkeit ganz individuell entsteht, folgt methodisch daraus, daß jeder Patient Einzeltherapien hat, und zwar jeden Tag.

Die therapeutische Beziehung

Aus therapeutischen Gründen, aber auch, weil es den Regeln der Höflichkeit entspricht, stellt sich das gesamte Team jedem einzelnen Patienten vor. Der Patient wird dabei gebeten, *sein* Behandlungsziel und *seinen Behandlungs-Auftrag an uns* zu formulieren. Dann überlegen alle Therapeuten miteinander, wer von ihnen – nach diesem ersten Eindruck zu urteilen – mit dem jeweiligen, neu angekommenen Patienten wohl am besten arbeiten „kann". Denn die bekannten Übertragungs- und Gegenübertragungsphänomene (z. B. Sympathie oder Antipathie) spielen in der Therapie eine wichtige Rolle. Diese Phänomene treten auch bei Gesunden auf: Nicht jeder kann mit jedem. Manchmal sind sie auch in dem eigenen emotionalen Relief des Therapeuten und nicht dem des Patienten begründet.

Der Patient selbst wird sich natürlich erst im Laufe von einigen Tagen und nach dem Umgang mit einer Vielzahl der ihn betreuenden Personen vollständig orientieren können. Es kann sein, daß er dabei feststellt, daß er mit dem ihm zugeordneten Therapeuten doch nicht so gut zurecht kommt. Manchmal entwickelt sich dieser Eindruck auch erst im Laufe von Wochen. Dem dann geäußerten Wunsch des Patienten, mit einem anderen Therapeuten weiterzuarbeiten, entsprechen wir in der Regel (und nach organisatorischer Möglichkeit). Dabei muß jedoch genau angeschaut werden, ob es sich tatsächlich um eine persönliche Unverträglichkeit zwischen Patient und Therapeut handelt. Möglicherweise hat der Patient nur eine Abwehr entwickelt, bestimmt von der Angst, seine Krankheit akzeptieren zu müssen. Diese Abwehr überträgt er nun auf den Therapeuten, er personifiziert sie sozusagen. In solchen Fällen versuchen wir, die Patienten dazu zu bewegen, *das eigentliche Problem anzugehen* und nicht per Übertragung auf den Therapeuten mit daraus resultierender Ablehnung desselben zu *umgehen.*

Die andernorts oft gehörte Meinung, eine nicht gut laufende Einzeltherapie wäre immer dadurch begründet, daß der Patient nicht wolle oder könne, halten wir nicht immer für richtig. Deswegen ist es angezeigt, daß auch die Therapeuten selbstkritisch mit einer Beziehungsstörung zwischen ihnen und dem Patienten umgehen. Gelegentlich kommt es natürlich auch vor, daß der Therapeut am Anfang oder nach einiger Zeit feststellt, daß er innere Widerstände gegenüber einem Patienten verspürt (Gegenübertragung), z. B. weil der Patient einer Figur, die den Therapeuten früher selbst negativ geprägt hat, ähnlich ist. Im Sinne einer Optimierung der Therapie ist dies ein Grund, dem Patienten einen anderen Therapeuten vorzuschlagen (siehe auch S. 85).

Solche patienten- und krankheitsorientierte Verfahren entstanden aus unserer Grundhaltung, nach der der Patient nicht eine Art Nachgeordneter und der Therapeut keine besondere Art Vorgesetzter ist. Die Therapeuten verstehen sich vielmehr als Partner im gemeinsamen Kampf gegen das Übel, dessentwegen der Patient sich zu uns begeben hat. Die Berücksichtigung emotionaler Schwierigkeiten des Patienten ist ein Teil der Umsetzung unserer Grundhaltung, nach der *die Würde des Patienten unantastbar* ist. Möglich wird ein solches Verfahren, weil wir für einen eventuellen Wechsel der Therapeuten genügend ausgebildetes Personal haben. Dieses Personal braucht selbst eine hohe fachliche Qualifikation, darunter Selbsterfahrungskurse, um herauszufinden, wie *sein eigenes* emotionales Relief aussieht. Nur der Therapeut, der festgestellt hat, welche Empfindlichkeiten denn *in seinem eigenen* psychisch-emotionalen Relief vorhanden sind, wird in der Lage sein, sich in der Beziehung, welche eine Einzeltherapie zwischen Therapeut und Patient mit sich bringt, richtig zu verhalten. Andernfalls könnte es vorkommen, daß der Therapeut auf Biegen und Brechen diese Einzeltherapie durchführt, weil ihm die per Selbsterfahrung gewonnene Souveränität, seine eigenen Grenzen zu beurteilen, fehlt. Auch bei Gesunden ist es ja normal, daß nicht jede Person mit jeder anderen ein gleich gutes Verhältnis aufbauen kann, oft ohne dies begründen zu können. Warum soll es zwischen Therapeut und Patient (oder umgekehrt) anders sein?

══ Die Einzeltherapie

Es ist die Aufgabe des Patienten in der Einzeltherapie, sein emotionales Relief zu erkunden („zu erwandern"); und der Therapeut ist dazu da, ihm dabei zu helfen. Als Sachkundiger hat er die Aufgabe, möglichst zu verhindern, daß der Patient bei der Suche nach den krankmachenden Besonderheiten in seinem emotionalen Relief allzu viele Irrwege geht, die nur Zeit (und Geld) kosten würden. Er hat ausdrücklich *nicht* die Aufgabe, dem Patienten die schwierige Arbeit der Erkundung seiner psychischen Struktur abzunehmen, ihm bestimmte Richtungen vorzuschreiben oder Ratschläge zu erteilen. Diese würde nämlich verhindern, daß der Patient wirklich alle ihn prägenden Besonderheiten findet. Hilfsbedürftig wie er am Anfang ist, würde er sich vielmehr auf die Besonderheiten beschränken, von denen *der Therapeut* glaubt, daß sie solche sind.

Von manchen Patienten wird die so begründete Zurückhaltung der Therapeuten mißverstanden und als Verweigerung von Hilfe interpretiert. Auch mit Hilfe des methodenkundigen Therapeuten ist es in der Regel nicht möglich, sich schnurstracks nur den krankmachenden Besonderheiten im emotionalen Relief zu nähern. Vielmehr erkundet der Patient eine Vielzahl von emotionalen Prägungen in seinem emotionalen Relief. Dies hat später auch den Vorteil, daß nicht nur die Suchttherapie erfolgreich ist, sondern daß der Patient auch mit vielen anderen, außerdem noch vorhandenen, aber aktuell nicht krankmachenden Prägungen besser umgehen kann. Sind nach übereinstimmender Ansicht von Patient und Therapeut krankmachende Besonderheiten gefunden, kann darauf besonderes Augenmerk gerichtet (fokussiert) werden.

Der Therapeut hat unter anderem auch die Aufgabe, sich in seinem Vorgehen der jeweiligen Introspektions- und Reflexionsfähigkeit der Patienten anzupassen. Damit wird auch der jeweiligen individuellen Belastbarkeit des Patienten Rechnung getragen. Nur so kann es gelingen, die Einzeltherapie *hoch individuell* an die Möglichkeiten, Fähigkeiten und den Krankheitsstand der Patienten anzupassen.

Wir gehen davon aus, daß ein individuell begründeter *Konflikt* aus vielen psychischen Komponenten besteht, die dem Patient zum Teil zunächst gar nicht bewußt und zugänglich sind. Deswegen kann er sie auch nicht erfassen und bearbeiten. Die Therapie macht diese Komponenten erst erfahrbar. Nach unserer Definition ist ein *Problem* quasi ein reduzierter Konflikt. Die Reduktion besteht darin, daß dem Patienten beim Problem *nicht viele* Komponenten unbekannt und unzugänglich sind, sondern *nur eine* Komponente unklar ist und bearbeitet werden muß. Dieser Unterschied läßt sich vielleicht mit zwei mathematischen Formeln vergleichen: die eine enthält eine Vielzahl von Unbekannten (Konflikt); bei einer anderen muß nur eine Unbekannte ermittelt werden (Problem).

Inhaltlich gestaltet sich die Einzeltherapie am Anfang oft schwierig, weil das oben beschriebene „innere", intoxikationsbedingte Psychosyndrom (siehe S. 44) ja noch über Wochen fortbesteht und erst langsam abklingt. Die Einzeltherapie muß sich am Anfang also darauf einstellen, um den Patienten nicht zu überfordern. Das würde ihm den Einstieg in die Therapie, insbesondere den Einstieg auf die hier so wichtige emotionale Ebene, enorm erschweren. Der Grad der Krankheit und ihrer Rückbildung muß also die Häufigkeit und die inhaltliche Gestaltung der Einzeltherapie bestimmen.

=== Die Gruppentherapie

Eine Einzeltherapie allein kann nicht alles leisten, was notwendig für eine umfassende Therapie ist. Alle Menschen benehmen sich in einer größeren als der Zweiergruppe jeweils anders und in einer Gruppe, in der z. B. Männer und Frauen zusammen sind, wieder anders als in einer anderen Gruppe, in der nur Männer oder nur Frauen zusammen sind. Jeder weiß das.

Die Einzeltherapie in der Säule B wird also durch eine ebenfalls tiefenpsychologisch orientierte, aber nicht ausschließlich darauf fixierte Gruppentherapie ergänzt. Die Gruppen finden zusätzlich zu den Einzeltherapien statt. Die Gruppentherapie erweitert um die soziale Dimension und gibt Anlaß zu vielfältigen „Reinszenierungen", das heißt, daß Patienten schwierige Situationen aus der Zeit vor der Therapie, insbesondere solche, die sie nicht gut handhaben konnten, in dieser Gruppe noch einmal erleben (= reinszenieren) können. Diesmal können die ebenfalls schon in der Therapie befindlichen Gruppenmitglieder (und natürlich der Therapeut) für ein besseres Umgehen mit derselben Situation sorgen, als das früher möglich war.

Die Größe der Gruppen sollte nicht zu klein und nicht zu groß sein. Das Verhalten der Gruppenmitglieder untereinander ist ein wichtiges therapeutisches Moment (siehe auch S. 93). Jeder weiß, daß sich in einer Gruppe von 12 bis 15 Personen das Verhalten der Gruppenmitglieder ändert und an Wirksamkeit für den einzelnen verliert. Einzelne Gruppenmitglieder dominieren, andere halten sich zurück und „vermeiden" damit therapeutische Arbeit.

Die Gruppe darf aber auch nicht zu klein werden, weil dann ein Phänomen droht, das auch bei der Einzeltherapie vorkommen kann: zu große Intimität begrenzt den therapeutischen Effekt.

Bei uns haben sich Gruppengrößen von sechs bis acht Patienten (und ein Therapeut) am besten bewährt. Diese Gruppen (in die nach unserem Konzept laufend neue Patienten aufgenommen werden und aus denen andere per Entlassung gehen), bilden eine Gemeinschaft. Die Patienten pflegen Zusammenhalt und Kontakte oft noch lange nach der Therapie. Natürlich kann es auch hier vorkommen, daß ein oder zwei Gruppenmitglieder nicht in eine Gemeinschaft integriert werden können. Dann gilt dasselbe wie beim Wechsel eines Einzeltherapeuten (siehe S. 58).

Einzel- und Gruppentherapie finden an jedem Wochentag statt. Wenn es die Situation der Patienten erfordert, können auch am Wochenende und an Feiertagen Einzeltherapien durchgeführt werden.

Dies kann z. B. der Fall sein, wenn der Patient am Wochenende durch einen Besuch von Bezugspersonen in große emotionale Belastung gerät (Beispiel: Die besuchende Ehefrau teilt mit, daß sie sich nun trennen wolle). Solche emotionalen Krisen können jederzeit aufgefangen werden, weil in unseren Kliniken rund um die Uhr nicht nur ein ärztlicher, sondern auch ein psychologischer Dienst in Bereitschaft steht. Zusätzlich hilft natürlich das ebenfalls entsprechend weitergebildete Pflegepersonal.

Viele Patienten haben sich allenfalls in eine Einzeltherapie (Beratung, Psychotherapie) gewagt, bevor sie zu uns kamen. Sehr viele Patienten haben einen großen Widerstand, ihre innersten psychischen Probleme in einer Gruppe vorzutragen. Aus dieser Haltung heraus kommt es oft zu der vorgefaßten Meinung, Gruppentherapien seien peinlich, unangenehm, unnütz und stellten ohnehin nur den Zweitaufguß der Einzeltherapie dar. Ich hoffe dargelegt zu haben, daß die Gruppentherapie ein eigenständiger, notwendiger, nützlicher Teil der Gesamttherapie ist. Für den Erfolg ist sie, ebenso wie alle anderen Teile unseres „therapeutischen Mosaiks" unverzichtbar. Der Einzeltherapeut wird zunächst versuchen, die Ängste und die Widerstände des Patienten abzubauen. Manche Patienten befinden sich allerdings anfangs in einer Krankheitssituation, in der Gruppentherapie nicht (oder noch nicht) indiziert ist.

Einzel- und Gruppentherapien finden während des gesamten stationären Aufenthaltes statt. Der Patient erlebt nicht nur ihre therapeutischen Wirkungen, sondern er wird auch mit der methodischen Vorgehensweise immer vertrauter, was ihm die Angst nimmt, diese dann sehr vertraulichen Übungen in der Nachbehandlungszeit (siehe Säule D) fortzuführen.

Bei keiner Therapie bestimmen wir über den Patienten, sondern wir versetzen ihn in die Lage, Vor- und Nachteile einzelner Therapien selbst abzuschätzen. Auch dies trägt dazu bei, daß der Patient nicht Objekt, sondern Subjekt der Behandlung ist.

Andererseits können wir die individuell aufgebaute und zusammengesetzte Therapie natürlich nur machen, wenn es dem Patienten gelingt, sich auf jeden einzelnen Teil der Therapie einzulassen. Wenn er kategorisch und dauerhaft die Teilnahme an notwendigen Therapieteilen ablehnt und es auch mit viel Mühe nicht gelingt, ihn von deren Nützlichkeit zu überzeugen, ist vorauszusehen, daß die Therapie nicht effektiv sein wird. In solchen (sehr seltenen) Fällen müssen wir dem Patienten dann raten, die Therapie abzubrechen. Schließlich können wir bei allem Bemühen nur das anbieten, was wir haben. Wenn der Patient was anderes möchte, muß er das auch anderswo suchen. Das ist sein Recht.

Aus qualitativ begründetem Selbstbewußtsein möchten wir keine Therapie anbieten, von der wir nicht überzeugt sind. Sonst lassen wir es. Es spielt dabei keine Rolle, ob diese Therapie uns von einem nicht sachkundigen und uneinsichtigen Patienten, von seinen Angehörigen oder gar von einem Versicherungsträger vorgeschrieben wird.

Neben diesen therapeutischen Erwägungen ist am Rande auch noch zu bemerken, daß die bei uns behandelten, meist privatversicherten, selbstzahlenden *Patienten* natürlich *direkte Auftraggeber* der Behandlung im ökonomischen und juristischen Sinne sind. In den übrigen Fachkliniken sind die Versicherer (Kranken- oder Rentenversicherer) Auftraggeber. Auch dadurch wird dort der Patient zum Behandlungs-*objekt*. Nach den Bestimmungen der Sozialgesetzgebung hat er die Verpflichtung, die angebotenen Therapiemaßnahmen auch zu akzeptieren (es handelt sich ja um den Versuch, seine sonst drohende Frühberentung zu verhindern). Sonst gefährdet er unter Umständen seine Rente. Er ist zum Wohlverhalten verpflichtet, was einer erheblichen Einschränkung seiner individuellen Entscheidungsfreiheit gleichkommt.

Nonverbale Therapien

Um die Therapie der Komplexität (gesunder und kranker) menschlicher Psyche anzupassen, sie der Realität menschlicher Empfindungen möglichst weit anzunähern, ist es erforderlich, neben Einzel- und Gruppengesprächstherapien auch Verfahren anzuwenden, deren Medium nicht primär die Sprache ist. Man nennt sie deshalb nonverbale Therapien.

Wir führen die im folgenden genannten nonverbalen Therapien durch:

Die gestaltende Therapie:
Sie macht das Element des Schöpferischen zur Basis des therapeutischen Handelns. Dem therapeutischen Gestalten liegt das tiefen-

psychologische Konzept Freuds und seiner Nachfolger zugrunde, in bezug auf das psychodynamische Verständnis von Krankheit und Gesundheit. Sie hat zum Ziel, dem Patienten Einsicht in sein Leben und sein Verhalten sowie seine „innere Objektwelt" zu ermöglichen und ihm wesentliche Impulse für seine weitere Entwicklung zu geben:

Bildhafte Vorstellungen, die beim Experimentieren mit Farben und Formen, beim Zeichnen, Malen oder Modellieren ihre Symbolgestalt annehmen, dienen nur als Material für den fördernden Dialog. Es kommt daher nicht auf die künstlerische Begabung oder Fertigkeiten der Patienten an. Diagnostisch ermöglicht der bildnerische Ausdruck einen Blick auf das dynamische Gefüge des emotionalen Bereichs der Patienten und damit auch auf die verborgenen Motive seines Handelns. Diesen Einblick erhält nicht nur der Therapeut, sondern auch der Patient selbst.

Weil es sich hiermit um einen Prozeß handelt, der vornehmlich auf der emotionalen Ebene stattfindet, beobachten wir des öfteren, daß der eigentliche therapeutische „Durchbruch" eben nicht in der Einzel- oder Gruppenpsychotherapie, sondern in der gestaltenden Therapie oder in den nun zu beschreibenden körperorientierten Therapien gelingt.

Körperorientierte Therapie:

Sie verfolgt vom Prinzip her dieselben Ziele wie die gestaltende Therapie. Sie will dem Patienten Einsicht in seine inneren Konflikte verschaffen, die sich auch über den Körper ausdrücken können. Es kommt hier also nicht auf körper*trainierende*, sondern auf körper*wahrnehmende* Vorgänge an. Psychopathologische relevante Störungen werden z. B. über Körperkontakt und vertrauenserfordernde und -fördernde Übungen deutlicher. Der Patient kann also zunächst selbst die Bedeutung seines (gestörten) Körpererlebens erfassen und mit Hilfe des Therapeuten seine Bewegungs-, Entspannungs- und körperliche Ausdrucksfähigkeit verbessern. Auch somatische Beschwerden können reduziert werden.

Mit der körperorientierten Therapie verwandt, aber nicht mit ihr identisch, ist eine bei unseren Patienten nicht sehr beliebte Übung, die wir aus Erfahrung aber für sehr wichtig halten: der **Frühsport**. Allerdings geht es hierbei auch nicht um körper*trainierende* Übungen größeren Ausmaßes (aus sportmedizinischer Sicht wäre eine größere körperliche Belastung am frühen Morgen auch nicht nützlich), sondern mehr um ein „Aufwachen" über eine Körper*wahrnehmung*. Daß dabei durchgeführte gymnastische Übungen zusätzlich einen trainierenden Effekt haben, ist aus unserer Sicht von sekundärer Wichtigkeit.

Der Tagesbeginn mit dem Frühsport erfordert von den Patienten einen gewissen selbstdisziplinären Aufwand. Viele der Patienten sind infolge der Suchtkrankheit gerade dazu nur schwer fähig. Da das Tagesprogramm mit der Kombination der hier besprochenen therapeutischen Anstrengungen aber sehr voll ist und die Pausen sich demzufolge eng gestalten, ist der selbstdisziplinäre Aspekt zur Durchführung der Therapie wichtig und nötig. Deswegen trainieren wir ihn.

Wir raten den Patienten sehr, das therapeutische Programm, dessen Einzelteile sich wie die Steine eines Mosaiks zu einem vollständigen, nutzbringenden Bild zusammensetzen, vollständig zu nutzen, also auch die unangenehmeren Teile, z. B. den Frühsport. Da alle diese Bausteine gleichzeitig auf den Patienten einwirken, erlebt er dies oft subjektiv als wirres Durcheinander. Diese Vielfalt ist jedoch geplant und wird gezielt eingesetzt. Diese Zeit nenne ich das Stadium der „Gärung", weil auch bei dieser alles in Bewegung und noch nichts richtig faßbar ist. Sie bringt eine als unangenehm empfundene Phase der hilflosen Orientierungslosigkeit mit sich. Wie bei einer Gärung endet sie aber bei Fortführung der Therapie, und eine Zeit der Beruhigung mit nun gewonnenen Einsichten (plus fortschreitender körperlicher Gesundung) verbessert die subjektive Lagebefindlichkeit des Patienten. Manchmal geht das soweit, daß sie fälschlich die Therapie schon für beendet halten. Dann hilft die Beachtung der 10-Tagesregel (siehe Seite 75) über die Zeitpunktbestimmung.

Diagnostik und Behandlung körperlicher Erkrankungen

Wie bereits erwähnt, bedarf neben der Sucht selbst (Behandlungsgegenstand der Säule A) und den psychischen Besonderheiten, aus denen die Abhängigkeit einmal entstand (Behandlungsgegenstand der Säule B), oft auch eine Vielzahl verschiedener körperlicher Folge- und Begleitkrankheiten der Sucht der Behandlung. Es kommt natürlich auch oft vor, daß Patienten, ganz unabhängig von der Krankheit, die sie jetzt in unsere Behandlung führt, weitere Krankheiten haben.

Ein ganzheitlich aufgebautes Konzept wäre kein solches, wenn es sich darauf beschränkte, nur bestimmte Teile der Gesamtsituation zu behandeln. Nach meiner Auffassung ist es auch der legitime Anspruch eines Patienten, umfassend, vollständig und qualitativ so gut wie möglich behandelt zu werden.

Von dem seit Jahrzehnten im Bereich der gesetzlichen Kostenträger praktizierten Verfahren, nach dem körperliche Krankheiten *vorher* (d. h. vor der Suchtbehandlung), womöglich noch *einzeln* und *nacheinander* behandelt werden müssen, sind wir deswegen von Anfang an abgegangen. Wir möchten erreichen, daß der Patient auch die körperlichen Teile seiner Gesamterkrankung, den Sinn und das Ergebnis von Zusatzuntersuchungen und der therapeutischen Maßnahmen auf körperlichem Gebiet versteht.

Dieses Verständnis der krankheitsbedingten körperlichen Veränderungen und deren Therapie ist aus unserer Sicht eines der wesentlichen Ziele unserer Behandlung: Der Patient soll am Ende der Therapie Spezialist für seine Erkrankung sein. Ab Seite 105 wird auf die eben erwähnten Punkte noch einmal eingegangen.

Die Aufnahme in die Klinik

Wir können Patienten mit vielen Indikationen aufnehmen, weil wir über eine ausreichende technisch-apparative Ausrüstung verfügen und unser Personal entsprechend umfassend ausgebildet ist. Wir können deshalb beide Kliniken nach dem Prinzip der Akutkrankenhäuser führen: *Aufnahmen sind jederzeit möglich.* Der ärztliche und pflegerische Dienst ist 24 Stunden im Hause. Der psychologische Dienst ist jederzeit erreichbar (z. B. für Kriseninterventionen).

Jede unserer Kliniken hat eine Aufnahmestation, in die zunächst alle Patienten aufgenommen werden. *Jeder* bekommt dort ein Einzelzimmer mit Bad, Telefon und TV (siehe auch S. 92). Die Zimmer in der Aufnahmestation sind mit Absicht relativ klein, weil es viele Patienten anfänglich (im Entzug) leichter haben, wenn die Wege zwischen Tisch, Bett und Bad kurz sind.

Die Patientenzimmer in der Aufnahmestation sind um die medizinische „Zentrale" der Klinik gruppiert. Jeder Patient hat die Möglichkeit, per Telefon oder aber auch per Notrufanlage Hilfe anzufordern und sofort zu bekommen. Gleich nach Aufnahme wird jeder Patient gründlich körperlich untersucht. (Befunde, die kurz vor der stationären Aufnahme auswärts erhoben wurden, werden von uns aus Vernunfts- und Kostengründen nicht wiederholt, es sei denn, sachliche Überlegungen gebieten eine Kontrolle.) Die Krankengeschichte wird aufgenommen und dokumentiert. Dazu ergibt sich eventuell die Notwendigkeit weiterer Untersuchungen, in der Regel die Bestimmung von Laborwerten, welche Rückschlüsse auf den Zustand der körperlichen Organe zulassen. Gegebenenfalls werden die Organfunktionen mittels apparativer Untersuchungen überprüft: insbesondere das Herz mittels Elektrokardiographie (EKG, Langzeit- und Belastungs-EKG) und das Gehirn mittels Elektroenzephalographie (EEG) und Echoenzephalographie (Ultraschalluntersuchung). Die Befunde dieser Eingangsuntersuchung werden mit dem Patienten im einzelnen erörtert und im Zusammenhang interpretiert. Dadurch werden ihm auch die vorgeschlagenen therapeutischen Maßnahmen verständlich, die ebenfalls mit ihm abgesprochen werden und in der Regel Zustimmung finden. Manchmal wird diese Zustimmung aber auch verweigert. Wir akzeptieren das, solange es sich mit der gesetzlich vorgeschriebenen Verantwortung und Fürsorgepflicht vereinbaren läßt, die wir (wie alle anderen Krankenhäuser) für stationär aufgenommene Patienten haben. Der Patient muß uns allerdings schriftlich bestätigen, daß er trotz fachärztlichem Rat die Kontrolluntersuchungen oder die vorgeschlagenen Behandlungen nicht wollte.

Die Leitung der Aufnahmestation liegt in den Händen eines Internisten oder eines Allgemeinmediziners mit entsprechender apparativer, aber auch psychotherapeutischer Zusatzqualifikation. Ihm stehen weitere Ärzte zur Seite. Die umfassenden Laboruntersuchungen können zum Teil in der Klinik selbst durchgeführt werden. Ein anderer Teil wird an auswärtige Laborgemeinschaften vergeben. In jedem Fall ist eine schnelle Abwicklung gewährleistet.

Im Hause befindet sich auch ein spezieller Laborcomputer. Dieser kann die Konzentration einiger körpereigener Stoffe, von Medikamenten, aber auch von Giften (inkl. solcher, die als Suchtmittel verwandt werden) innerhalb von Minuten feststellen. So läßt sich bei einem neuankommenden Patienten – der oft als „leichterer" oder „schwererer" Fall angemeldet wurde, als er es wirklich ist – sehr schnell der tatsächliche Status der Gesundheit feststellen. Das ist Voraussetzung dafür, daß gegebenenfalls sofort notwendige Therapiemaßnahmen ergriffen werden können. Wie bereits erwähnt, steht auch eine Intensivpflegestation zur Verfügung. Damit sind bei uns nahezu alle diagnostischen und therapeutischen Möglichkeiten gegeben. Nach meinem Verständnis kann es nicht im Sinne unserer Patienten sein, wenn sie zunächst durch mehrere Spezialkliniken „geschleust" werden, nur weil die „eigentliche" Klinik nicht leistungsfähig genug ist.

Trotz dieser personellen und gerätetechnischen Ausstattung sind auch uns gewisse Grenzen gesetzt. Nur wenn diese überschritten sind, wird der Patient sofort in eines der jeweils nächstgelegenen Schwerpunktkrankenhäuser verlegt, mit denen wir eine Zusammenarbeit vereinbart haben. Dies funktioniert seit Jahren reibungslos. Die Rückverlegung zu uns erfolgt so schnell wie möglich, damit der Patient die Therapie, die ihn in eine unserer Kliniken geführt hat, fortführen kann. Wegen unserer eigenen umfassenden Behandlungsmöglichkeiten geschieht dies natürlich früher als dies bei Kliniken der Fall wäre, die solche Möglichkeiten nicht haben.

Die Chefärzte dieser Schwerpunktkliniken führen auch konsiliarisch (beratend) Untersuchungen bei unseren stationären Patienten durch. Beispielsweise könnte es vorkommen, daß sich jemand in der körperorientierten Therapie eine Knöchelverletzung zuzieht. Die Röntgenuntersuchung und die unfallchirurgisch-orthopädische Versorgung erfolgt umgehend ambulant durch den Chefarzt der entsprechenden Schwerpunktklinik, ohne daß der Patient deswegen verlegt werden müßte.

Wir haben dies so aufgebaut, weil wir möchten, daß der Patient sicher sein kann, auf allen Fachgebieten rundum versorgt zu sein. Nur mit dieser Sicherheit wird er sich auf die schwierige Prozedur, welche die Therapien der Säulen A und B mit sich bringen, einlassen können. Müßte er ständig Sorge haben, ob denn die ärztliche Versorgung nicht wesentliche körperliche Krankheiten übersieht oder falsch behandelt, fiele ihm das nicht so leicht.

Bei Abhängigen steht am Anfang in der Regel die Entgiftung, d. h. die Entfernung des Suchtmittels aus dem Körper, im Vordergrund. Wie das Suchtmittel, einerseits durch seine bloße Gegenwart, andererseits aber auch durch seine „Verstoffwechselung" im Körper wirkt und wie es durch eine Art Verdrängung körpereigener Stoffe dafür sorgt, daß der Körper beim Ausbleiben des Suchtmittels einige Zeit braucht, um seine eigene „Chemie" wieder in Ordnung zu bringen, haben wir schon erörtert (siehe auch S. 42).

Die körpereigenen Regulationen kommen bei der Entgiftung also vorübergehend schwer durcheinander – mit entsprechender Auswirkung auf die Befindlichkeit der Patienten. Es ergibt sich das klinische Bild des Entzugs: Die Behandlung der Entzugserscheinungen ist Hauptgegenstand der Säule C und findet auf der Aufnahmestation statt. (Wir sind schon auf S. 57 kurz darauf eingegangen.)

Im wesentlichen drohen zwei gefährliche *Komplikationen* bei dieser turbulenten Umstellung: zum einen die Entstehung von *Krampfanfällen* des Gehirns (epileptische Anfälle) und zum anderen eine völlige Fehlregulation der körperlichen und geistigen Fähigkeiten (Delir). Krampfanfälle setzen klinisch plötzlich ein, ohne Vorankündigung. Niemand kann vorhersehen, ob es zu einem solchen Anfall kommen wird. Aus der Tatsache, daß eventuelle frühere Entzüge ohne eine solche Komplikation überstanden wurden, läßt sich nicht zuverlässig schließen, daß es auch diesmal nicht geschehen wird. Umgekehrt machen aber früher erlebte Krampfanfälle deren Wiederauftreten wahrscheinlicher.

Eine Krampf*bereitschaft* des Gehirns läßt sich aber durch Untersuchungen der Hirnströme oft frühzeitig erkennen. Dazu dient das Elektroenzephalogramm. Es hat noch eine zweite diagnostische Funktion bei Abhängigkeit: Bestimmte Medikamente verändern die Kurvenverläufe des EEG in typischer Weise. Es lassen sich daher Rückschlüsse auf die Art und zum Teil auch auf die Intensität noch im Körper vorhandener und daher auf das Gehirn einwirkender Suchtmittel ziehen.

Unabhängig von den Auswirkungen der Suchterkrankung zeigt das EEG natürlich auch noch etwaige andere Störungen der Hirntätigkeit an (z. B. Hirntumoren und regionale Durchblutungsstörungen). Diese sind allerdings erst dann sicher zu beurteilen, wenn sich die Veränderungen, welche durch Medikamente verursacht worden sind, zurückgebildet haben. Deswegen sind oft mehrere EEG-Kontrollen notwendig.

Das EEG ist jedoch – wie jede andere technische Untersuchung – immer nur eine *Zusatz*untersuchung, deren Ergebnisse vor dem Hintergrund aller anderen Daten interpretiert werden müssen. Immerhin mußten wir im Laufe der Jahre über ein Dutzend Hirntumoren feststellen, die andernorts mangels sorgfältiger klinischer Diagnostik nicht diagnostiziert wurden – und die natürlich schon früher einer anderen Behandlung als der Psychotherapie bedurft hätten.

Neben dem Gehirn wird auch die Muskulatur, insbesondere die des Herzens, durch das Suchtmittel krankhaft verändert. Durch die Herztätigkeit entstehen elektrische Ströme, die über den ganzen Körper fortgeleitet werden. Sie lassen sich an der Körperoberfläche mit speziellen Apparaturen messen und registrieren (EKG). Anhand dieser Aufzeichnungen läßt sich z. B. eine Herz-Muskel-Schädigung feststellen (die Kurvenverläufe des EKGs sehen dann anders aus als bei einem gesunden Herz). Es ist ja möglich, daß ein Patient noch an einer weiteren, unabhängig von der Suchtkrankheit bestehenden Herzkrankheit leidet. Nicht selten haben wir eine solche entdeckt, von der der Patient bis dahin manchmal gar nichts wußte, und die auch mangels Untersuchungen in der vortherapeutischen Zeit nicht entdeckt werden konnte.

Organische Folgeschäden des Suchtmittelmißbrauchs

Alkohol schädigt von allen Organen am häufigsten, am frühesten und am stärksten die Leber.

Sie ist ein zentrales Organ des Körpers, einer großen chemischen Fabrik vergleichbar: Hier werden „angelieferte" Nahrungs- und Giftstoffe verarbeitet, Stoffwechselvorgänge bewältigt und gesteuert.

Zur Erledigung dieser Arbeitsprozesse stellt sie auch selbst Chemikalien her.

Wenn nun Alkohol im Übermaß aufgenommen wird, muß die Leber also vermehrt die zu seiner Verarbeitung erforderlichen Stoffe (Enzyme) herstellen. (Diese Stoffe sind im Blut vorhanden und können durch eine Laboruntersuchung nachgewiesen werden.) Durch diese Mehrarbeit wird die Leber überlastet. Infolgedessen entzünden sich erst einzelne, dann alle Leberzellen. Auch wenn dann kein Alkohol mehr zugeführt wird, klingt die Entzündung der Leber in der Regel nicht sofort ab. Sie kann sogar noch lange Zeit weiterbestehen (chronische Leberentzündung). Die Leberzellen lagern dann Fett ein (Fettleber). Dauert der krankhafte Zustand weiterhin an, sterben sie ab und vernarben (Leberzirrhose). Während das Stadium der Fetteinlagerung noch rückbildungsfähig ist (bei Abstinenz), bleibt eine narbige Veränderung der Leber auch dann bestehen, wenn kein Alkohol mehr zugeführt wird.

Ein von allen Alkoholabhängigen besonders beachteter Laborwert ist der der Gamma-GT (Gamma-Glutamyl-Transaminase). Der Normalwert liegt mit seiner Obergrenze bei 27 (Männer) bzw. 21 (Frauen). Wenn sich die Leber entzündet, steigt er enorm an. Wir haben Werte über 3000 gemessen. Klinisch ist die *Höhe* dieses Wertes nicht so bedeutsam wie die *Geschwindigkeit seiner Rückbildung*. Als Faustregel kann gelten, daß sich der Wert unter Abstinenz alle zehn Tage halbieren sollte. Ist das der Fall, kann man vorhersagen, daß sich die Leber wohl noch vollständig regenerieren kann.

Fast nie aber ist nur dieser Laborwert allein verändert, sondern viele andere mit ihm. Aus den Werten zusammen kann dann in der Regel geschlossen werden (etwa bei Alkohol), daß es zu einer Leberschädigung mit Störung des Fettstoffwechsels, zu einer Knochenmarkschädigung mit veränderter Bildung der Blutbestandteile usw. gekommen ist. Diese Diagnosen teilen wir den Patienten so mit, daß sie sie verstehen. Ich halte es nicht für zweckmäßig, eine Serie von Laborwerten anzubieten, deren Interpretation den Laien überfordern muß.

In der Regel ist für die *körperliche* Gesundung dauernde Suchtmittelabstinenz ausreichend. Manchmal sind allerdings bereits körperliche Veränderungen von solchem Ausmaß eingetreten, daß sie einer besonderen Behandlung bedürfen.

Normalerweise fließt das Blut von Speiseröhre, Magen und Darm wieder über die Leber in den Blutkreislauf zurück. Eine Leberzirrhose kann beispielsweise dazu führen, daß sich das Blut in den Blutgefäßen der zuführenden Organe staut. Die gestauten Gefäße können platzen, insbesondere wenn sie mechanisch belastet werden (besonders die Speiseröhre, z. B. durch feste Nahrungsbestandteile). Lebensgefährliche Blutungen sind die Folge. Sie müssen sofort chirurgisch versorgt werden. Hier bewährt sich unsere Kooperation mit den Schwerpunktkrankenhäusern.

Der Alkoholentzug

Zur Linderung von Entzugserscheinungen setzen wir Medikamente ein. Dabei gehen wir sehr sorgfältig vor. Oft müssen mehrere, teilweise miteinander konkurrierende Behandlungsnotwendigkeiten gegeneinander abgewogen und gegebenenfalls miteinander koordiniert werden.

So lindern wir zum Beispiel die Entzugssymptome bei Alkoholabhängigkeit z. T. mit einem Mittel (Distraneurin), das selbst abhängig macht, wenn man es längere Zeit nimmt. Um beim Patienten im Rahmen der Behandlung also keine zweite Abhängigkeit zu erzeugen, darf man dieses Medikament nur kurzfristig verwenden. Die Dosierung dieses Medikaments darf nur gerade so hoch wie notwendig, muß aber auch so niedrig wie möglich sein. Es ist eine Sache der Erfahrung, im Einzelfall die Dosierung richtig zu steuern. Wir besprechen dies auch sehr genau mit dem Patienten. Weil er in diese Überlegungen miteinbezogen wird, kann er auch die (aufgrund der niedrigen Dosierung) verbleibenden Restsymptome des Entzuges besser akzeptieren und ertragen. Natürlich sind wir bemüht, die Beschwerden des Entzugs gering zu halten. In der Regel ist es möglich, alle Patienten verhältnismäßig erträglich über den Entzug zu bringen.

Wegen dieser Gefahren sind wir bemüht, wenn möglich das Distraneurin durch Carbamazepin zu ersetzen. Das geht aber nicht immer; und die Medikamentenwahl hängt vom Ausmaß der Entzugssymptomatik ab.

Der Alkohol-Entzug dauert drei bis maximal zehn Tage. Dann hat der Körper die Eigenproduktion seiner Regulationsstoffe wieder hergestellt (wenn noch keine Dauerschäden eingetreten sind).

Der Medikamentenentzug

Bei der Medikamentenabhängigkeit stehen Benzodiazepine im Vordergrund. Sie führen weniger zu Organschädigungen als Alkohol, aber ebenfalls zu Funktionsveränderungen (sichtbar z. B. im EEG). Auch weniger ausgeprägte Organschädigungen können folgenschwere Auswirkungen haben, müssen deshalb zu Anfang diagnostiziert und in ihrer Rückbildungstendenz mittels Kontrolluntersuchungen sorgfältig beobachtet werden. Die psychische Fixation ist wesentlich fester als bei Alkohol (siehe auch S. 43). Darin werden sie von den harten Drogen noch übertroffen.

Weil viele suchtkranke Patienten mehrere Medikamente nehmen (manchmal deshalb, um Symptome der Medikamentenabhängigkeit auszugleichen), ist es erforderlich, *alle möglicherweise* betroffenen Organe zu untersuchen, um ihre Gesundung zu verfolgen und auch um Prognosen in bezug auf die Regenerationsfähigkeit zu stellen.

Der Entzug von Medikamenten, insbesondere von Benzodiazepinen, ist wesentlich komplizierter als der von Alkohol, weil die Medikamente im Körper nur sehr langsam abgebaut werden. Man rechnet damit, daß von einer einmal aufgenommenen Dosis der Benzodiazepine nach 10 bis 12 Tagen erst die Hälfte wieder ausgeschieden ist (daher die Bezeichnung Halbwertzeit). Dieser Zeitwert unterliegt sehr großen individuellen Schwankungen. Wenn die verbleibende Hälfte immer noch groß genug ist, um eine Wirkung zu entfalten, setzen noch keine Entzugserscheinungen ein. Das EEG ist noch verändert. Manchmal ist erst nach mehrmaliger Halbierung (also nach weiteren 12, 24, 36 oder sogar 48 Tagen) eine so geringe Konzentration der Medikamente und ihrer Abbauprodukte erreicht, daß Entzugssymptome auftreten.

Bei Patienten, die alkohol- *und* benzodiazepinabhängig sind, kommt es deswegen zu zwei zeitlich aufeinanderfolgenden Entzügen. Der Abstand kann Wochen betragen.

Auch die Behandlung der Entzugssymptome ist bei Benzodiazepinabhängigen oft viel schwieriger und auch medizinisch schwerer einzuschätzen als die des Alkohols. Wir haben deswegen seit Jahren davon abgesehen, das Absetzen von Benzodiazepinen plötzlich vorzunehmen (sog. kalter Entzug), sondern vermindern die Dosis langsam; zwar so schnell wie möglich, aber auch so langsam wie notwendig, um dem Patienten allzu große Beschwerden zu ersparen. Damit nehmen wir in Kauf, daß sich die Gesamtzeit des Entzugs verlängert. Nach unseren Erfahrungen ist dies jedoch der bessere Weg als das plötzliche Absetzen von Benzodiazepinen.

Jedes therapeutische Vorgehen im Entzug und auch danach muß selbstverständlich unter ständiger Beachtung der jeweiligen individuellen Situation des Patienten, unter größtmöglicher Vermeidung überflüssiger Beschwerden und Quälereien, aber dennoch *konsequent* erfolgen.

Zur Dauer der stationären Behandlung

Die „Säulen" A bis C umfassen die stationäre Behandlung bei uns. Ich habe bereits erwähnt, daß es einen Fehler darstellt, die Dauer dieses Aufenthalts zu schematisieren oder schon festzulegen, bevor das individuelle Problem in seinen Ausmaßen überhaupt bekannt ist. Die ganze Therapie kann dadurch in Frage gestellt werden. Je nach Einzelfall kann die nötige Zeit sehr variieren. Etwa zehn Tage nach Beginn der Therapie können aber Problemumfang und besondere Schwierigkeiten von uns abgeschätzt werden und demzufolge auch die individuell ungefähr benötigte Zeit.

Im Verlauf der Behandlung bessern sich die körperlichen Beschwerden, und auch die Psychotherapie macht Fortschritte. Diese Verbesserungen treten zuerst recht schnell ein und geschehen dann zunehmend langsamer, bis sie schließlich kaum noch wahrnehmbar sind. Nach unserer Erfahrung ist die stationäre Therapie vernünftigerweise dann zu beenden, wenn sich trotz der Bemühungen von Patient und Therapeuten zehn Tage lang keine wesentlichen neuen Erkenntnisse, Einsichten und/oder Fortschritte zeigen.

Ambulante Nachbehandlung

Wenn die intensive stationäre Therapie schließlich zu einem (vorläufigen) Ergebnis geführt hat, erfolgt die Entlassung. Die stationäre Therapie stellt aber nur den ersten, wenn auch wichtigsten Teil der Gesamtbehandlung dar.

Der Patient hat – bei positivem Verlauf – in der Therapie die Existenz und die Strukturierung seines emotionalen Profils entsprechend unserer Grundannahmen kennengelernt. Er hat auch die ihn krankmachenden Besonderheiten in diesem Profil kennengelernt und bearbeitet. Er weiß viel über seine emotionale Persönlichkeitsstruktur, wie sie entstanden ist und warum gerade so und welche Auswirkungen sie auf sein Verhalten und auf sein Handeln hat. Er kennt die *für ihn* bedrohlichen Muster emotionaler Verletzungen, die evtl. zu einem Rückfall führen könnten.

Natürlich geht die Entwicklung des emotionalen Reliefs auch nach der Therapie weiter. Neue, nicht vorhersehbare Ereignisse werden stattfinden, die das emotionale Relief beeinflussen und gestalten werden. Der Patient verfügt dann zwar durch die Therapie über die „Werkzeuge", damit besser als vorher umzugehen, aber oft noch nicht über die entsprechende Handlungsroutine. Deshalb wird es ihm vermutlich nicht immer gelingen, neue belastende oder auch aktivierend-freudige Ereignisse mit Einfluß auf das emotionale Relief angemessen zu bearbeiten, d. h. so, daß sie nicht weiter krankheitsauslösend sind. Erst durch längeres Üben läßt sich diese Routine erwerben.

Deshalb sollte die Behandlung *nach* dem stationären Aufenthalt ambulant weitergeführt werden.

Zwei Therapieformen *können* unserer Erfahrung nach dabei miteinander kombiniert werden: die ambulante Nachbehandlung und die Intervalltherapie.

Die ambulante Nachbehandlung

Sie kann bei uns oder bei entsprechend geeigneten Therapeuten am Wohnsitz des Patienten stattfinden. Diese Nachbehandlung sollte zuerst wöchentlich, nach einigen Monaten 14tägig, später auch in längeren Zeitabständen erfolgen, je nach der Situation des Patienten.

Allerdings ist es schwierig, entsprechend *geeignete* Therapeuten zu finden. Üblicherweise wird dem Patienten bei der Entlassung empfohlen, sich an die Suchtberatungsstelle ihres Heimatortes zu wenden. Davon gibt es in Deutschland ca. 1200. Deren Qualifikation und Ausrichtung ist der empfehlenden Klinik in der Regel nicht bekannt. Noch viel weniger ist bekannt, ob die von der Suchtberatungsstelle empfohlenen Therapeuten denn methodisch genauso arbeiten, wie während der klinischen Therapie gearbeitet wurde.

Es wurde schon ausgeführt, daß es sehr viele verschiedene Therapierichtungen (Schulen) in Deutschland gibt. Es kann nicht nur passieren, sondern es ist sogar wahrscheinlich, daß der Patient an einen (in seiner „Schule" durchaus qualifizierten) Therapeuten gerät, der einer *anderen* therapeutischen Grundrichtung anhängt als die vorbehandelnde Klinik. Dies hat zur Folge, daß der weiterbehandelnde Therapeut auch eine andere therapeutische „Sprache" benutzt als die, die der Patient in seiner stationären Therapie erlernt hat. Das wiederum zieht nach sich, daß die Therapie, entsprechend der unterschiedlichen Ausrichtung der stationären und des ambulanten Therapeuten, neu begonnen werden muß. Leider sagt das in der Regel dem Patienten niemand! Das kann den Patienten zur Verzweiflung bringen – nicht selten bricht er dann die ambulante Nachbehandlung ab.

Um dem wenigstens bei unseren Patienten entgegenzuwirken, haben wir seit zehn Jahren solche Therapeuten im ganzen deutschen Sprachraum ausgesucht, die die *gleiche* therapeutische Grundrichtung verfolgen wie wir und deswegen auch eine dem Patienten verständliche therapeutische Sprache benutzen. Viele dieser Therapeuten haben sich sogar eine Zeitlang in unseren Kliniken genau mit unserer Vorgehensweise vertraut gemacht. Auf diese Weise ist ein „Netz" aus von uns verbundenen Therapeuten entstanden. Wir nennen sie „Korrespondenztherapeuten", weil wir mit ihnen in ständigem Kontakt stehen. Wir empfehlen jedem Patienten, der entlassen wird, einen solchen Korrespondenztherapeuten. Dieser erhält dann (mit Einverständnis des Patienten) binnen kurzem (angestrebt sind 8 Tage) einen vollständigen, umfassenden Bericht über das, was in der stationären Therapie erarbeitet worden ist, inklusive weiterer Empfehlungen, auch medizinischer Art. Außerdem bekommt der Patient selbst bei der Entlassung einen Kurzbericht mit den wesentlichen Punkten. Die Therapeuten unserer

Klinik stehen natürlich zusätzlich jederzeit für telefonische Rücksprachen zur Verfügung.

Wir haben dieses Netz von Korrespondenztherapeuten aufgebaut, weil wir es für unverantwortlich halten, den Patienten, der über die Nuancen deutscher Psychotherapie ja nicht Bescheid wissen kann, Unsicherheiten bei einer Nachbehandlung zu überlassen.

Intervalltherapie

Der Patient lebt nach der Entlassung wieder sein „normales" Leben, unterstützt durch eine ambulante Therapie. Nach etwa zwei bis sechs Monaten bieten wir ihm dann die Möglichkeit, sich zu einer ihm genehmen Zeit noch einmal für acht bis zehn Tage zu einer intensiven Aufarbeitung des inzwischen Erlebten bei uns aufnehmen zu lassen (therapeutisches Vorgehen schwerpunktmäßig wie in Säule B, siehe S. 58). Dabei handelt es sich nicht um eine zweite Therapie, sondern um den *zweiten Teil der Gesamttherapie*. Noch viel weniger handelt es sich natürlich um eine Rückfalltherapie. Diese gibt es auch, ist aber mit der „Intervalltherapie", die hier beschrieben wird, nicht zu verwechseln. Der Name „Intervalltherapie" rührt daher, daß zwischen dem ersten und dem zweiten Teil der Gesamttherapie ein klinikfreies Zeitintervall liegt, das individuell verschieden lang sein kann.

Mit diesem dreiteiligen therapeutischen Verfahren (stationäre Therapie, ambulante Nachbehandlung, Intervalltherapie) lassen sich langfristig die besten und stabilsten Ergebnisse erzielen.

Kennzeichen der Intervalltherapie:

Möglichkeit der Intensivierung der Therapie durch (anders als bei der stationären Krisenintervention) gezielte Aufnahme im Stadium der beginnenden oder aber drohenden psychischen Dekompensation und damit im *vor*kritischen Stadium.

Möglichkeit der raschen Fokussierung in einem individuell gestaltetem Therapieprogramm, im Rahmen eines bekannten therapeutischen Settings mit bekannten Personen, die zudem über die psychische Grundproblematik aus dem vergangenen stationären Aufenthalt hinreichend informiert sind.

Möglichkeit der vertiefenden Erarbeitung der psychischen Grundproblematik vor dem Hintergrund neuer Erfahrungen im klinikfreien Intervall sowie Erarbeitung krankhafter psychischer Mechanismen in Beinahe-Krisen.

Ausschaltung von psychisch wirksamen Störfeldern durch Milieuwechsel und damit Ausschluß von Faktoren im sozialen Umfeld (z. B. ständige, psychisch belastende Auseinandersetzungen mit Familienmitgliedern, Arbeitgebern, Freunden), die auch ohne krisenhafte Einbrüche eine erfolgreiche ambulante Therapie deutlich behindern.

Indikationen für die Intervalltherapie

Am Ende der stationären Therapie, wenn der Patient – trotz intensiver Erarbeitung der psychopathologischen Grundproblematik – in besonderen emotionalen Belastungssituationen (z. B. während der Gruppentherapie!) immer noch zu kurzdauernden und wiederholten psychischen Beinahe-Zusammenbrüchen neigt oder unter allgemeinen Überlastungserscheinungen wie Unruhe, emotionaler Instabilität und erhöhter Störbarkeit leidet. In diesen Fällen ist die Gefahr eines erneuten psychischen Zusammenbruchs sehr groß – auch bei intensiver, ambulanter Nachbehandlung. Erfahrungsgemäß sind besonders im zweiten Halbjahr nach der Entlassung aus der stationären Behandlung Überlastungs- und Erschöpfungsreaktionen zu erwarten. Deshalb ist zur Sicherung des Behandlungserfolges und zur nachhaltigen Stabilisierung eine stationäre Intervalltherapie erforderlich.

Im Verlauf der ambulanten Nachbehandlung, wenn es – trotz intensiver ambulanter psychotherapeutischer Arbeit an der Grundproblematik – immer wieder zu ernstzunehmenden Situationen kommt, in denen ein psychischer Zusammenbruch des Patienten gerade noch verhindert werden kann. Der Patient bekommt dann die Gelegenheit, außerhalb seines belastenden Milieus oder seiner gewohnten Umgebung die Phänomene seiner Krisenanfälligkeit in konzentrierter Form zu bearbeiten.

Die bisherigen Langzeituntersuchungen belegen, daß viele sogenannte „Therapieversager" in den Kreis derer gehören, die lediglich wegen der fehlenden Möglichkeit einer solchen Intervalltherapie in eine vorhersehbare und damit auch vermeidbare Krise geraten sind. Bezieht man jedoch die Intervalltherapie in das tiefenpsychologisch fundierte Konzept der Gesamtbehandlung mit ein, steigen die Chancen für eine nachhaltige Stabilisierung deutlich.

Selbsthilfegruppen

Wir haben eingangs ausgeführt, aus welchen Gründen wir eine Abhängigkeit für ein emotionales Problem halten (siehe S. 18). Deshalb ist die Therapie natürlich auch auf der emotionalen Ebene angesiedelt, damit sie den Ursachen der Krankheit entspricht, also ihnen adäquat ist. Infolgedessen ist natürlich auch das Therapieergebnis emotional.

Emotionale Phänomene sind jedoch nicht von Dauer, es sei denn, sie erhalten immer neue „Nahrung". (Man kann beispielsweise nicht ewig wegen der gleichen Ursache zornig oder traurig sein, es sei denn, immer neue Gründe unterhalten diese Gefühle.) Auch damit das emotionale Ergebnis der Abhängigkeitsbehandlung bestehen bleibt, muß es ständig „Nahrung" erhalten. Das ist die Aufgabe der Selbsthilfegruppen.

Wir halten die Patienten deshalb dazu an, unbedingt eine Selbsthilfegruppe zu besuchen, und zwar *neben* der ambulanten psychotherapeutischen Nachbehandlung – nicht etwa *anstatt*! Während der stationären Suchttherapie werden sie durch Gruppenarbeit darauf vorbereitet.

Oft haben wir beobachtet, daß die Patienten nach einigen Monaten, wenn sie die Krankheit soweit im Griff haben, daß sie sie nicht mehr „drückt", den Besuch der Selbsthilfegruppen einstellen. Das Ergebnis war fast immer ein Rückfall.

Es kann also nicht genug auf die Bedeutung der Selbsthilfegruppen zur Aufrechterhaltung des emotionalen Therapieergebnisses „Suchtmittelfreiheit" hingewiesen werden, auch wenn das Bedürfnis danach im Lauf der Zeit immer geringer wird. Dann hilft nur Selbstdisziplin. Der Besuch der Selbsthilfegruppen sollte absolute Priorität vor anderen Terminen haben. Ich empfehle, Selbsthilfegruppen auch im Urlaub zu besuchen, was fast überall möglich ist.

Zu den bekanntesten und am weitesten verbreiteten Selbsthilfegruppen gehören die **Anonymen Alkoholiker.** Sie sind auf der ganzen Welt erreichbar. Es gibt auch eine ganze Reihe weiterer Selbsthilfeorganisationen, die genauso empfohlen werden können, weil sie in unserem Sinne alle denselben Zweck erfüllen. In Deutschland sind vor allem die Blaukreuzler, die Kreuzbündler, Freundeskreise zu nennen. Diese Selbsthilfegruppen werden natürlich von Angehörigen aller sozialen Schichten der Bevölkerung besucht, was auch der Verbreitung der Abhängigkeitserkrankung entspricht.

Unsere Patienten haben es in früheren Zeiten wiederholt erlebt, daß sie wegen ihres meist besseren sozialen Status von anderen Teilnehmern dieser Selbsthilfegruppen sozial ausgegrenzt wurden („Du bist wohl ein besserer Alkoholiker" u. ä.). 1990 haben ehemalige Patienten in Eigeninitiative begonnen, eigene Selbsthilfegruppen aufzubauen. Wir haben dabei organisatorische Hilfe nur insofern geleistet, als wir sie mit anderen ehemaligen Patienten bekannt machten (unter Wahrung der Erfordernisse des Datenschutzes). Diese Gruppen nennen sich selbst die „Oberbergler". Es gibt sie im gesamten deutschen Sprachraum, vereinzelt auch im Ausland.

Die Oberbergler äußern gelegentlich den Wunsch, daß einer unserer Mitarbeiter oder aber auch ein Korrespondenztherapeut von Zeit zu Zeit die fachliche Betreuung dieser Selbsthilfegruppen übernimmt. Wir versuchen immer, diesem Wunsch zu entsprechen.

Selbsthilfegruppen haben generell (und die „Oberbergler" im besonderen – aufgrund der einheitlichen therapeutischen „Sprache") den Vorteil, daß jeder weiß, wovon gesprochen wird, niemand meint, daß ein Abhängiger minderwertig sei und daß in noch auftretenden Krisensituationen sofort Kontaktmöglichkeiten und Hilfsangebote gegeben sind. Jeder Patient, der unsere stationäre Therapie verläßt, kann neben einer Liste der Korrespondenztherapeuten auch eine der „Oberbergler" erhalten. Es sei aber noch mal darauf hingewiesen, daß *jede* Selbsthilfegruppe den Zweck der Sicherung des suchttherapeutischen Ergebnisses erfüllt.

Wenn trotz aller Bemühungen die Sucht den Patienten noch zu sehr im Griff hat und es deswegen zu Rückfällen kommt, garantieren wir unseren ehemaligen Patienten jederzeit sofortige Hilfe, indem wir sie wieder stationär aufnehmen.

≡ Weitere Bausteine der Therapie

Entspannungsübungen

Neben den unmittelbar therapeutisch ausgerichteten Anstrengungen vermitteln wir noch andere, allgemeine Methoden, die später dabei helfen sollen, in Situationen großer Anspannung (z. B. „emotionalen Stürmen") oder bei Belastungen den inneren Druck zu vermindern. Sie sollen also, wenn jemand „hochdreht", die Möglichkeit bieten, sich selbst wieder „runterzudrehen". Wir lehren die Entspannungsverfahren Autogenes Training und Progressive Relaxation nach Jacobson.

Informationsveranstaltungen

Einmal pro Woche findet in der Klinik eine Informationsveranstaltung statt, die in der Regel von mir selbst oder einem Vertreter geleitet wird. Alle Patienten haben dort die Gelegenheit, Fragen zu stellen: zur Entstehung der Krankheit und zu ihren Auswirkungen, zur Therapie, zur Organisation, zum Umgang mit den Bezugspersonen während und nach der stationären Therapie. Darüber hinaus werden die Grundzüge unserer theoretischen Grundannahmen und der Therapie dargestellt.

Belastungserprobungen

Erprobt werden, mehrfach während und zum Ende der Therapie, ganz alltägliche Belastungen durch die Wiederbegegnung mit Bezugspersonen, der Wohnung, Regelung alltäglicher Angelegenheiten, die während der stationären Therapiezeit liegenbleiben müssen. Die Patienten, die ja während der Therapie abgeschirmt und quasi unter einer „therapeutischen Käseglocke" sind, werden durch die Wiederbegegnungen auch mit den schädigenden Entwicklungen der vorstationären Zeit konfrontiert. Sie können dabei prüfen, ob das in der Therapie Aufgenommene für sie schon praktikabel ist. Diese Belastungen, die für Außenstehende oft gar als solche nicht erkennbar sind, stellen für den Genesenden nicht selten einen eminenten Prüfstein dar. Manchmal sind die Belastungen nur erträglich, weil die Gewißheit besteht, am Ende des zweiten Tages wieder in die Klinik zurückkehren zu können. Über die Belastungen wird in der Psychotherapie gesprochen und die Behandlung ggf. entsprechend angepaßt.

Einbeziehen der Bezugsperson(en)

Wenn etwa die Hälfte der stationären Therapiezeit verstrichen ist, versuchen wir, die dem Patienten emotional am nahesten stehende Bezugsperson (meist der Partner) in die Therapie mit einzubeziehen. Diese kommt dazu in die Klinik, ggf. übers Wochenende. Die Einzeltherapie wird dann als Paartherapie fortgeführt. Der Therapeut leitet die Gespräche, ohne Partei zu ergreifen. Es kann also nicht vorkommen, daß Patient und Therapeut sozusagen Front gegen den Partner machen oder umgekehrt. Der Partner hat für den Patienten eine „diagnostische Spiegelfunktion", was die Zeit vor der Therapie betrifft (siehe auch S. 105). Und er selbst lernt eine Menge über die Krankheit im allgemeinen und die Betroffenheit des Patienten im besonderen. Auch bei der Bezugsperson erzielt die Paartherapie eine therapeutische Wirkung, weil er seine oft falsche Beurteilung der Paarbeziehung selbst korrigieren kann.

Der Partner befindet sich, meist ohne daß er es selbst so sieht, in einer zweischneidigen Situation: Auf der einen Seite hat er jahrelang gelitten, die Krankheit seines Partners zu verbergen gesucht, dabei gelogen und vielfältigen persönlichen Schaden genommen. (Art und Umfang des Schadens hängen von der Art der Beziehung des Erkrankten zur jeweiligen Bezugsperson ab: Es ist ein Unterschied, ob der Ehepartner, ein Kind, ein Vorgesetzter, ein Freund oder ein zusätzlicher [Liebes-]Partner von der Erkrankung mit betroffen sind.) Bedingt durch die im Rahmen der Abhängigkeitserkrankung (neben anderen Symptomen) entstehende Haltlosigkeit geht der Betroffene oft vielfache (Liebes-)Beziehungen ein. Manchmal sind diese dann wichtiger als die ursprüngliche Beziehung zum (Ehe-)Partner. Natürlich wird der Partner durch dieses Verhalten schwer gekränkt und in seinem Selbstwertgefühl beeinträchtigt (wodurch in dessen emotionalem Relief krankmachende Besonderheiten entstehen können!). Oft ist der Partner (oder eine andere betroffene Bezugsperson) verzweifelt, weil er trotz aller Bemühungen der Krankheit und dem Kranken gegenüber völlige Ohnmacht empfindet.

Auf der anderen Seite kann es aber paradoxerweise auch vorkommen, daß der Partner unbewußt Nutzen aus der Suchterkrankung des anderen zieht. Einer der Partner kann z. B. sehr dominierend, stark gewesen sein, bevor er erkrankte. Der andere Partner fühlt sich nun dadurch „aufgewertet", daß der bisher stärkere krank und damit schwächer wurde. Er zieht daraus also einen (relativen) Nutzen. Endlich hat er die Chance, den sonst immer dominierenden Partner als hilfsbedürftig zu empfinden. Nach einer erfolgreichen Therapie besteht diese Schwäche des ursprünglich Starken natürlich nicht mehr. In der Paartherapie werden beide Partner darauf vorbereitet.

Die beschriebenen Verhaltensweisen und Gefühle des Partners oder der Bezugsperson sind so charakteristisch, daß sie unter dem Begriff „Co-Abhängigkeit" zusammengefaßt werden. Die „Co-Abhängigen" sind zwar selbst nicht von einem Stoff abhängig, aber durch die Erkrankung des Partners in die Krankheit mit verstrickt, dadurch sekundär erkrankt. Es gibt auch eigene Selbsthilfegruppen für Angehörige Alkoholabhängiger (AL-ANON), die sich als sehr nützlich erwiesen haben.

Die Therapie verändert nicht nur die Abhängigkeit des Betroffenen, sondern als Folge davon auch die Co-Abhängigkeit des Partners. Der Suchtkranke ändert außerdem sein Verhalten (weil er die krankmachenden Besonderheiten in seinem emotionalen Relief bearbeitet hat), so daß er seinem Partner sehr verändert vorkommt. Der Kranke selbst merkt diese Änderung oft nicht in gleicher Weise. Auch darauf muß der Partner oder die Bezugsperson vorbereitet werden. Und der Suchtkranke muß Einsicht in die Miterkrankung des Co-Abhängigen bekommen. Obwohl der Suchtkranke ja unser Patient ist, kümmern wir uns genauso sorgfältig um den mitbetroffenen Partner, also den Co-Abhängigen. Andernfalls würde das Problem nicht an genügend vielen Wurzeln gepackt, eine wichtige „Wurzel" bliebe weiter bestehen, die dann dem Rückfall den Boden bereiten könnte.

≡ Ein Patient, mehrere Therapeuten: das multipersonale Therapiekonzept

Alle Patienten haben bei Therapiebeginn eine jeweils andere Ausgangslage: Jeder hat seinen eigenen Weg in die Krankheit, die auch bei jedem psychisch und somatisch anders ausgeprägt ist. Jeden Wochentag unterzieht sich ein Patient bei uns verschiedenen Therapien bei verschiedenen Therapeuten. Kernstück ist die Gesprächs-Einzeltherapie, die bei entsprechender Indikation auch an Sonn- und Feiertagen stattfindet. Damit übertreffen wir die Möglichkeiten einer ambulanten Therapie bei weitem (siehe Abb. 8, S. 86).

Die Intensität unserer Therapie resultiert nicht nur aus der hohen Dichte der Therapieeinheiten, sondern auch aus der Zahl der parallel arbeitenden Therapeuten und der damit verbundenen Möglichkeit zur multipersonalen Übertragung. Dieses Therapieprinzip ist von entscheidender Bedeutung für die Wirksamkeit der Therapie.

Der Begriff der Übertragung stammt aus der Psychoanalyse und bezeichnet die Projektion während der Behandlung entstehender Gefühle auf den Therapeuten. Die Gegenübertragung bezeichnet dann den umgekehrten Prozeß.

Jeder von uns empfindet beim Kontakt mit einem anderen Menschen spontan Sympathie oder Antipathie. Natürlich gilt das auch für den Kontakt zwischen Patient und Therapeut. Für ihr Verhältnis zueinander ist das von besonderer Wichtigkeit. Es kann sein, daß ein Therapeut durch sein Aussehen oder sein Verhalten beim Patienten Erinnerungen an liebe oder unliebsame Menschen und an Situationen aus seiner Vergangenheit wachruft. Gefühle aus dieser Zeit und auch damit verbundene frühere Konflikte werden wieder lebendig und können auf den Therapeuten übertragen werden. Dadurch gelingt deren Bearbeitung.

Eine Übertragung (die natürlich ständig in unserem Leben stattfindet, nicht nur in einer Therapie) ruft bei der Person, auf die übertragen wird, eine entsprechende Reaktion hervor (Gegenübertragung). Jemand der spürt, daß sein Gegenüber ihn sympathisch bzw. unsympathisch findet, wird jeweils anders reagieren. Sind ihm z. B. be-

	Montag	Dienstag	Mittwoch	Donnerstag	Freitag
07.20 — 07.50	Frühsport	Frühsport	Frühsport	Frühsport	Frühsport
08.45 — 09.35	Gruppen-therapie	Gestaltungs-therapie Gruppe	Abhängigen-therapie Einzel	Körperorien-tierte Therapie Gruppe	
09.40 — 10.30	Gruppen-therapie	Gestaltungs-therapie-Gruppe	Einzeltherapie	Körperorien-tierte Therapie Gruppe	
10.40 — 11.30	Einzeltherapie	Einzeltherapie	Gruppen-therapie	Visite	Gruppen-therapie
11.35 — 12.25			Gruppen-therapie	Körperorien-tierte Therapie Einzel	Gruppen-therapie
13.15 — 13.35	Autogenes Training Gruppe	Autogenes Training Gruppe	Autogenes Training Gruppe	Autogenes Training Gruppe	Autogenes Training Gruppe
13.40 — 14.30	Körperorien-tierte Therapie Gruppe	Beratungs-gespräch		Einzeltherapie	Abhängigen-therapie Einzel
14.35 — 15.25	Körperorien-tierte Therapie Gruppe		Körperorien-tierte Therapie Einzel	Gruppen-therapie	Einzeltherapie
15.30 — 16.20	Körperorien-tierte Therapie Einzel	Gruppen-therapie	Gestaltungs-therapie Gruppe	Gruppen-therapie	Gestaltungs-therapie Einzel
16.25 — 17.15	Abhängigen-therapie Gruppe	Gruppen-therapie	Gestaltungs-therapie Gruppe	Gestaltungs-therapie Einzel	
17.20 — 18.10				Abhängigen-therapie Gruppe	

Abb. 8   Beispiel eines Therapieplans für eine Woche

stimmte Eigenschaften des Einzeltherapeuten unsympathisch, kann er z. B. mit dem Gruppentherapeuten, bei dem diese „Unsympathien" nicht bestehen, eher einen persönlichen Kontakt herstellen. Das kann intrapsychisch dazu führen, daß er mit dem einen Therapeuten ein Bündnis sozusagen „gegen" den anderen eingeht. Im Laufe längerer Zusammenarbeit ändern sich die Gewichtungen von Sympathie und Antipathie jedoch oft. Bleibt eine Antipathie jedoch unverändert bestehen, muß ein Therapeutenwechsel überlegt werden.

Da ein Patient bei uns mit mehreren Therapeuten befaßt ist (multipersonal), kann er jeweils verschiedene Übertragungen ausbilden. Die aus seiner Sicht anstehenden Probleme kann er mit den verschiedenen Therapeuten auch in verschiedener Weise besprechen. (Bei selbstunsicheren Patienten wechselt diese Ausgestaltung der therapeutischen Beziehungen immer wieder.) Es kann z. B. sein, daß er das Problem der Abhängigkeit besonders mit dem Suchttherapeuten bespricht, das Problem der Vereinsamung immer nur mit dem Einzeltherapeuten. Jeder Therapeut bearbeitet so einen mehr oder weniger großen Teil der Gesamtproblematik. Obwohl all diese Probleme zusammenhängen und sich teilweise auch gegenseitig bedingen, betreibt der Patient also eine „Aufspaltung" seiner Gesamtproblematik.

Dadurch wird die Arbeit der Therapeuten natürlich komplexer: Sie müssen sich untereinander ständig austauschen, damit sich jeder einzelne von ihnen ein umfassendes Bild vom Stand und Verlauf der Therapie machen kann. Wäre das nicht der Fall, könnte der eine Therapeut zu der Meinung gelangen, außer der Abhängigkeit bestünde kein wesentliches Problem, und der andere Therapeut sähe nur die Vereinsamung des Patienten, wüßte aber von dessen Abhängigkeit nichts. Deshalb stimmen sich die Therapeuten jede Woche einmal untereinander ab. Wäre das nicht so, könnten die Teilbehandlungen aller mit einem Patienten beschäftigten Therapeuten unkoordiniert in eine unerwünschte Richtung führen, was deshalb leider bei ambulanter Einzeltherapie manchmal passieren kann. Wir haben schon Patienten erlebt, die dem Therapeuten in einer langdauernden psychotherapeutischen Behandlung überhaupt nichts von ihrer Abhängigkeit erzählt haben – bis diese dann so weit fortgeschritten war, daß eine stationäre Behandlung erforderlich wurde. Bei einer multipersonalen Behandlung kann so etwas kaum vorkommen.

Besonders die bei uns nicht seltenen Patienten mit Borderline-Syndrom kommen so besser aus ihrer psychischen Fixierung heraus, die sie in der Krankheit hält. Sie sehen bei den Mitpatienten, welche Entlastung es mit sich bringen kann, die befürchtete Abhängigkeit von Personen (in der Klinik von den Therapeuten) auf mehrere Köpfe zu verteilen. Sie erleben auch, wie sie im „Schutze" des einen Therapeuten mit einem anderen einen Konflikt eingehen und austragen können, ähnlich wie es im Laufe einer kindlichen Entwicklung zur psychischen Autonomie innerhalb einer intakten Familie möglich ist. (Die Abgrenzung von der Mutter wird in Anlehnung an den Vater hergestellt und umgekehrt.)

Die Aufgabe der Therapeuten ist es auch, sich für die ungesagten, weil eben noch nicht erlebnisfähigen Thematiken des Patienten zur Verfügung zu stellen, sie in die Diskussion untereinander einzubringen und gegebenenfalls den zugrundeliegenden Konflikt zunächst in der Therapeutenbesprechung aufzulösen. Im Gespräch mit dem Patienten kann der Therapeut dann versuchen, dem Patienten so zu helfen, daß er selbst den Konflikt ansprechen, erleben und schließlich aufdecken kann.

„Wenn der Arzt angeborenen Scharfsinn und dabei ein gewisses Namenloses, das wir Intuition nennen wollen, besitzt, wenn er keine zudringliche Egozentrik, keine unangenehmen, hervorragenden Eigentümlichkeiten besitzt, wenn er die angeborene Fähigkeit hat, seinen Geist mit dem seines Patienten so gleich zu stimmen, daß dieser, ohne es zu wissen, dasjenige ausspricht, was er nur gedacht zu haben glaubt, wenn solche Enthüllungen ohne Aufsehen entgegengenommen und weniger durch ausgesprochene Teilnahme als durch Schweigen, einen unartikulierten tiefen Atemzug oder hier und da ein Wort, um anzudeuten, daß alles begriffen sei, anerkannt worden, wenn zu diesen Fähigkeiten seines Vertrauten noch die Vorteile kommen, welches ein anerkannt ärztlicher Charakter gewährt, dann wird in irgendeinem unvermeidlichen Augenblick die Seele des Leidenden in ihre Bestandteile zerlegt werden und sich in einem dunklen aber durchsichtigen Strom ergießen, der alle ihre Geheimnisse an das Licht des Tages bringt."

Diese treffende Definition der psychotherapeutischen Verfahrensweise stammt von Nathaniel Hawthorne, einem Schriftsteller, nicht etwa einem Arzt oder Psychologen. Der Text stammt aus „The Scarlet Letter", erschienen 1850 (also bereits weit vor Freud) in Boston, USA.

☰ Unspezifische Wirkfaktoren: Was wirkt noch in der Therapie?

Die Wirksamkeit der gesamten Behandlung beruht nicht nur direkt auf therapeutischen Verfahren und Konzepten (*spezifische Wirkfaktoren*), sondern auch auf vielfältigen Begleitumständen, die das Befinden des Patienten maßgeblich beeinflussen (*unspezifische Wirkfaktoren*).

Das Auftreten von Ärzten, Schwestern und Therapeuten
Wir achten darauf, daß die Würde des Patienten nicht nur auf dem Papier steht. Ärzte und Therapeuten sind sich bei uns darüber klar, daß sie, ganz allgemein gesprochen, einen dienenden, dienstleistenden Beruf haben. Aus ihrer Qualifikation heraus begründet sich andererseits ein berechtigtes Selbstbewußtsein und damit eine Souveränität, die ihnen trotz der dienenden Funktion ein sachgerechtes und freies Handeln und ein entsprechendes Auftreten erlaubt. Beides zusammen macht ein achtungsvolles und respektvolles Auftreten gegenüber jedem Patienten in jedem Krankheitszustand selbstverständlich. Das fängt beim äußeren Erscheinungsbild der Behandelnden an und setzt sich in den adäquaten Umgangsformen fort. Verstöße dagegen haben für Mitarbeiter unmittelbare Konsequenzen.

Die Souveränität der Ärzte und Therapeuten gründet sich z. T. sicher auch auf Alter und Lebenserfahrung. Natürlich haben wir auch jüngere Mitarbeiter, die aber durch gründliche und lange Ausbildung sowie eigene klinische Erfahrungen qualifiziert sind. Sie müssen trotz jugendlichen Aussehens ihre Kompetenz unter Beweis stellen; andernfalls würden sich die Patienten ihnen kaum anvertrauen.

Die größtmögliche Hilfe bei der Aufnahme in die Klinik

Der Patient hat schon allein dadurch, daß er sich zu der Therapie aufraffte, entsprechende Vorbereitungen traf und schließlich die Reise unternahm, eine für seine Verhältnisse große Leistung erbracht. Wir übersehen das nicht. Die freundliche, geduldige und respektvolle Behandlung bei der Aufnahme trägt wesentlich dazu bei, ob und inwieweit, vor allem aber wie schnell sich ein Patient in die Therapie einlassen kann. Dabei werden an unser Personal oft erhebliche Anforderungen gestellt, die es in aller Regel meistert. Oftmals habe ich meine Mitarbeiter dafür bewundert, wenn sie, besonders bei Neuaufnahmen von intoxizierten und aggressiven Patienten, dieses Verhalten beibehalten konnten.

Leider habe ich anderswo oft beobachtet (und auch selbst erlebt), daß die Patienten vom Pflegepersonal und / oder den Ärzten herablassend oder wie Untergebene behandelt worden sind. Zwar nicht bewußt, aber unterschwellig kommt dabei die Verachtung darüber zum Ausdruck, daß die Patienten eben an einer Abhängigkeit und nicht an einer „normalen" Krankheit leiden. Die Patienten, die das an anderen Kliniken schon erlebt haben, sind von vornherein schon darauf eingestellt, wieder so schlecht behandelt zu werden und reagieren verständlicherweise zunächst mißtrauisch. Diese Mißtrauen rührt aber oft auch daher, daß sie von Bezugspersonen (Partner, Eltern, Verwandte) oft hilfreich „gelenkt" und dabei – so notwendig diese Hilfe auch gewesen sein mag – nicht selten in kränkender Weise bevormundet wurden.

Völlig indiskutabel für die Würde des Patienten erscheinen mir die andernorts praktizierten Methoden, nach denen Patienten ungefragt geduzt werden, mit Anweisungen (statt Einsichten) versehen oder distanzlos behandelt werden. Bedenkt man, daß die Patienten mit einem weitgehend zerstörten Selbstwertgefühl zur Aufnahme kommen, wird klar, wie wichtig der freundliche und höfliche Umgang ist. Wir sind uns darüber klar, daß die Patienten *nur gegenwärtig krank*, aber dadurch in keiner Weise minderwertig sind.

Die Situation auf der Aufnahmestation

In einer Reihe von Fällen steht unmittelbar nach der Aufnahme in die Klinik die somatische Therapie im Vordergrund, z. B. weil ein Entzug durchgeführt wird, der dem Patienten trotz unserer Hilfen so zusetzt, daß nur am Rande die Einzel- und die Suchttherapie durchgeführt wird, sicher aber noch keine der anderen Therapien.

Die Patienten erleben die Situation auf der Aufnahmestation manchmal als erniedrigend und sogar schikanös, weil hier aus medizinischen und juristischen Gründen gewisse Einschränkungen der Bewegungsfreiheit und der persönlichen Freiheit gelten *müssen*. Gemäß der gesetzlich vorgeschriebenen Fürsorgepflicht erfordert dieser Anfang der Behandlung auch eine engere Betreuung.

Der Patient darf die Aufnahmestation aus vielen Gründen nicht ohne Wissen des Pflegepersonals verlassen: Er kennt sich noch nicht im Haus aus; er wird für die Untersuchungen ständig gebraucht; möglicherweise ist er noch nicht gut zu Fuß; vielleicht drohen ihm wegen des reduzierten Selbstwertgefühls Gefahren durch ihn selbst; im Entzug kann es anfangs (falls unsere vorbeugenden medikamentösen Schutzmaßnahmen einmal nicht ausreichen sollten) zu Komplikationen wie z. B. zu epileptischen Anfällen kommen, denen schnell begegnet werden muß.

Nach Ankunft in seinem Einzelzimmer packt die Schwester mit dem Patienten zusammen aus. Das hat *auch* den Zweck, womöglich noch unter dem Druck der Krankheit mitgebrachte Suchtmittel zu verwahren. Ob Reste des Suchtmittels noch im Körper vorhanden sind, wird gleich nach der Aufnahme mittels laborchemischer Tests nachgeprüft.

Die Nachtruhe wird mitunter durch die Besuche der Schwester gestört. Diese Besuche dienen dem Schutz des Patienten, weil so Komplikationen rechtzeitig erkannt werden können.

Auch das Telefonieren ist zunächst für ein paar Tage eingeschränkt, das Selbstwähltelefon ist nur als Hausapparat geschaltet. Der Grund dafür ist, daß Patienten in den ersten Tagen oft unter einen enormen emotionalen Druck geraten, der auch von dem Bestreben diktiert ist, den während der „aktiven" Suchtzeit entstandenen Schaden zu begrenzen. Telefonate mit Bezugspersonen, Freunden und Geschäftspartnern sollen diesen Druck, das Gefühl von Einsamkeit sowie die Schuldgefühle und die Angst, in diesen Beziehungen irreparablen Schaden angerichtet zu haben, lindern. Für das therapeutische Ziel ist dieses „Ausagieren" nicht von Vorteil. Wir versuchen deshalb, in intensiver Einzelbetreuung diesen Druck für die Beschäftigung mit dem Problem selbst zu nutzen, dessentwegen der Patient schließlich in die Behandlung gekommen ist. Aus dem gleichen Grund sind auch Besuche in der Anfangszeit eingeschränkt und das Fernsehen. Auch diese von außen kommenden Ablenkungen behindern das Therapieziel. Selbstverständlich sind Außenkontakte, die aus wichtigen Gründen erforderlich sind (z. B. die Regelung organisatorischer, finanzieller oder geschäftlicher Fragen) jederzeit möglich.

Es handelt sich nicht um willkürliche Restriktionen, sondern um therapeutisch wohl überlegte Maßnahmen zur Förderung der Therapie und zum Schutze der Patienten, die wir allen Patienten auch *vorher* erklären. Viele sehen das trotzdem anders. Wie nicht anders zu erwarten, interpretieren sie die Situation – unter dem Einfluß des inneren Psychosyndroms – anfangs falsch und sind uns böse.

Für das Therapieziel sind wir (und die Patienten auch selbst) jedoch darauf angewiesen, daß sie uns trotz ihrer sehr schwierigen momentanen emotionalen Lagebefindlichkeit einen Vertrauensvorschuß geben, ihr gegenwärtiges Schicksal vorübergehend in unsere Hände legen. Sie müssen und können darauf bauen, daß wir uns jederzeit bemühen, in ihrem Sinne zu handeln. Unsere Aufgabe ist es, persönliches Mißtrauen abzubauen und dem Patienten zu vermitteln, daß, wenn überhaupt Mißtrauen unsererseits vorhanden ist, dieses *immer nur der Krankheit und nie seiner Person* gilt!

Die Unterbringung

Wir sind nicht der Meinung, daß eine schlechte Unterbringung die Therapie fördert. Sie behindert sie vielmehr, weil sie einen erniedrigenden Charakter hat. Eine für die Patienten akzeptable und würdige Unterbringung, die auch ungefähr ihren sonstigen Gewohnheiten entspricht und in der es jedermann sechs bis acht Wochen aushalten könnte, hilft mit, das reduzierte Selbstwertgefühl zu verbessern und schafft schneller eine Atmosphäre der Geborgenheit (siehe auch S. 96). Mit einem „goldenen Käfig", wie manchmal schon herabsetzend zu hören war, hat das nichts zu tun.

Eine gute Küche

Viele abhängige Patienten haben die Lust am Essen verloren. Eine gute Verpflegung (unter Berücksichtigung der medizinischen Notwendigkeit, z. B. Diäten, kann wieder die Freude vermitteln, regelmäßig, qualitativ gut und auch lustvoll zu essen. Das Essen wird selbstverständlich serviert. Die Patienten werden nicht zu Haus- oder Küchendiensten oder zur Gartenpflege (andernorts dann fälschlich „Arbeitstherapie" genannt) herangezogen.

Striktes Einhalten des Behandlungsauftrags der Patienten

Da wir meist Privatpatienten behandeln (Neuerungen für Patienten der gesetzlichen Krankenversicherungen siehe S. 124), ist einer der wesentlichen Unterschiede zu anderen Kliniken, daß bei uns der Patient der Auftraggeber ist – und nicht eine Kranken- oder Rentenversicherung. Es scheint uns deshalb auch nicht statthaft, ohne Zustimmung des Patienten den Behandlungsauftrag auf Beschwerden oder Krankheiten auszudehnen, die zusätzlich bestehen. Wir stellen solche Begleiterkrankungen zwar fest und bieten eine entsprechende Behandlung an, aber wir respektieren es, wenn ein Patient diese ablehnt. Sollte allerdings dieser Wunsch nach Nicht-Behandlung weiterer Erkrankungen mit unserer Sorgfaltspflicht und den Regeln ärztlich-therapeutischer Kunst nicht vereinbar sein, müssen *wir* die gesamte Behandlung ablehnen. Es kommt jedoch extrem selten vor, daß hier keine Übereinstimmung zu erzielen ist.

Wir sehen uns z. B. auch nicht befugt, das Rauchen generell zu verbieten; wir schlagen nur vor, es möglichst einzuschränken. (Eine *gewünschte* Raucher-Entwöhnung wird natürlich angeboten.)

Gruppendynamik

Einer der wesentlichsten unspezifischen Faktoren ist das Einwirken der Patienten aufeinander. In allen gruppenweise durchgeführten Therapien, in den Pausen, in der Freizeit, beim Essen, in den Aufenthaltsräumen reden sie über therapeutische Erlebnisse, über Erfahrungen mit Therapeuten und Pflegepersonal, über Untersuchungsergebnisse, über die Situation außerhalb der Klinik (Sorge um die sozialen Beziehungen zu Freunden und Verwandten, die Position am Arbeitsplatz, den Arbeitsplatz selbst) und vieles andere mehr.

Diese Diskussionen haben eine sehr nützliche therapeutische Wirkung. Die in Gesprächen zusammengetragenen Einzelerfahrungen lassen z. B. bei manchen die emotionale Akzeptanz der Abhängigkeit weiter reifen, besonders wenn der Patient sieht, wie mühelos jemand, der das schon erreicht hat, damit umgehen kann. Das vermindert die Angst vor dieser Akzeptanz. Wir haben deshalb in den Kliniken Bereiche geschaffen, die *nur für Patienten* (und das Servicepersonal) zugänglich sind. Sie bieten auch Platz für freie Unmutsäußerungen über uns oder die Therapie. Die Dynamik unter den Patienten kann (und soll) sich hier unter Umständen besser entwickeln als in den Therapien.

Die gegenseitige Hilfe und Unterstützung verbessert ihre emotionale Lagebefindlichkeit und damit ihre Aufnahmefähigkeit, insbesondere auf der emotionalen Ebene. Manchmal entstehen so auch Bausteine für die Wiedergewinnung der eigenen Profilierung. Auch bei Komplikationen, z. B. in der Klinik vorkommende Rückfälle, ist die Hilfe der Patienten untereinander von großem Wert. Dann merken wir oft, daß „alte" Gruppenverhaltensweisen um sich greifen, die z. B. in der Schule und auch im Berufsleben erlernt worden sind.

So kommt es, daß Mitpatienten längst von einem Rückfall wissen, die Therapeuten aber noch nicht. (Das bringt die liberale Hausordnung mit sich.) Es herrscht die stillschweigende Übereinkunft, einen „Missetäter" nicht zu „verpetzen". Der Rückfällige wird „gedeckt", obwohl ihm gar keine Strafe droht. Ein solches Verhalten ist jedoch keine Hilfe, schließlich will jeder Patient seine Krankheit in den Griff bekommen. Wir empfehlen deshalb allen Patienten, einen „heimlich" Rückfälligen dazu anzuhalten, sich einem Arzt oder Therapeuten zu offenbaren, damit entsprechende Hilfsmaßnahmen eingeleitet werden können. Gelingt das nicht, ist es für den Betroffenen in seiner Not hilfreicher, wenn die anderen Patienten den Therapeuten informieren. Dieser wird dann auf den Rückfälligen zugehen und ihm helfen. Er wird ihn natürlich nicht bestrafen – der Betroffene wird von den wieder aufkeimenden Scham-, Schuld- und Makelgefühlen schon genug gequält. Niemandem, am wenigsten dem wieder rückfällig gewordenen Patienten, ist damit geholfen, daß der Rückfall unerkannt und damit unbearbeitet bleibt. Obwohl wir das den Patienten in den Beratungsgesprächen immer wieder nahezubringen versuchen, kommt es vor, daß Rückfällige gedeckt werden. Wir wissen das. Wir könnten es allerdings auch dann nicht verhindern, wenn wir generell jeden Patienten kontrollieren würden. Eine solche Kontrolle würden Patienten, die *nicht rückfällig* werden (und das ist die überwiegende Mehrheit) zu Recht als Vertrauensmangel ansehen. Das Setting würde unangenehmer, ein wesentlicher unspezifischer Wirkfaktor fiele weg. Auch an Kliniken, wo diese Kontrolle stattfindet, sind verdeckte Rückfälle nicht auszuschließen. Die Dunkelziffer ist nur größer.

Die sinnvolle Strukturierung des Tagesplanes mit intensiver Therapie

Das manchmal gehörte Argument, daß ein regelmäßiger und planmäßiger Tagesablauf erst wieder erlernt werden müsse, ist bei der Dichte unserer Therapie hinfällig. (Außerdem haben die meisten unserer Patienten eher zuviel als zuwenig gearbeitet.) Unser Programm dauert von 07.15 bis 18.05 Uhr (mit Pausen). An Kliniken, in denen solch ein dichtes Programm nicht stattfinden kann, mag es notwendig sein, die Tageszeit anders einzuteilen und zu verbringen, z. B. mit Beschäftigungen wie Haus-, Küchen- oder Gartenarbeit, die sich dann „Arbeitstherapie" nennt. Eine therapeutische Effizienz darf man sich davon aber nicht versprechen.

Möglichkeiten zur sinnvollen Freizeitgestaltung

Wir organisieren Freizeitaktivitäten nicht von uns aus, leisten aber Hilfe, wenn die Patienten dies wünschen. Das schließt eine frühzeitige Regelung des Ausgangs ein. Auch darin zeigt sich unser Vertrauen. Natürlich kommen manchmal Regelverstöße vor. Bei einer vergleichenden Untersuchung hat sich gezeigt, daß in unseren Kliniken nicht mehr Rückfälle vorkommen als in anderen, in denen sehr viel restriktivere Ausgangsregelungen herrschen. (Ich selbst bin einmal in einer Klinik gewesen, in der der erste Ausgang zu zweit erst nach 90 Tagen gestattet wurde. Bei uns dauert die ganze Therapie nicht einmal so lange!)

In Einzelfällen, z. B. bei weitgehendem Abbau der Persönlichkeit eines Patienten, mag dies gerechtfertigt sein. Die Regelungen aber generell nach den schlimmsten Fällen auszurichten heißt, sie ungerechtfertigt zu verschärfen und zu ent-individualisieren. Eine solche Verfahrensweise halte ich für antitherapeutisch.

Schwierigkeiten und Komplikationen im Therapieverlauf

Unser 1984 neu konzipiertes Vorgehen bei der Behandlung von Abhängigkeiten bricht mit zwei überkommenen Traditionen der Suchttherapie:

Strafpädagogik. In anderen Kliniken zieht sie sich immer noch durch die Behandlung – trotz der Erkenntnis, daß Abhängigkeiten Erkrankungen und keine Charakterschwächen sind und deshalb auch kein Rückschluß auf eine etwaige Minderwertigkeit der Betroffenen zulässig ist. Befürworter der Strafpädagogik setzen die Einschränkung der Bewegungsfreiheit disziplinär durch und schenken der Aufrechterhaltung von „Zucht und Ordnung" mittels einer restriktiven Hausordnung große Beachtung. Ich habe dies in eigenen Behandlungen erlebt und als unnötig erniedrigend empfunden.

Soziale Verachtung. Abhängigkeit wird auch heute noch vielfach automatisch mit sozialem Abstieg gleichgesetzt. Das hat andernorts auch Auswirkungen auf die Suchtbehandlung: Behandlung in schlecht ausgestatteten Kliniken, Aufhebungen sozialer Unterschiede, ungefragtes Duzen der Patienten. Dem setzen wir konsequent unser Grundprinzip entgegen: „Die Würde des Patienten ist unantastbar."

Diese beiden überkommenen Traditionen lehnen wir ab. Trotzdem müssen auch wir einige Schwierigkeiten bewältigen, die durch scheinbar kontroverse Positionen entstehen:

Unterbringung

Die für unsere Patienten erträglichen, menschenwürdigen äußeren Begleitumstände der Behandlung (Einzelzimmer mit Bad, Telefon und Fernseher, vernünftige Aufenthaltsräume, Ausgangs- und Besuchsregelungen, die sich im Einzelfall am Stand der Therapie – und nicht an disziplinären Vorgaben – orientieren) verführen unsere Patienten manchmal dazu, die Erfordernisse einer notwendigerweise *strikten* Suchtbehandlung nicht so ernst zu nehmen, wie dies erforderlich ist. Das ist vor allem dann der Fall, wenn die körperlichen Entzugserscheinungen und das „innere" Psychosyndrom abklingen und die eigene Persönlichkeit infolge des langsam wieder ansteigenden Selbstwertgefühls „wiederentdeckt" wird.

Auch die gebräuchliche Verwendung des Begriffes „Kur" für eine Suchtbehandlung trägt dazu bei (siehe auch S. 103). Die angenehme Unterbringung und die sehr gute Küche passen ja auch eher zu einer „Ferienlageratmosphäre". Viele Patienten haben eher düstere, karge bis ärmliche und erniedrigende Umstände erwartet. (Patienten, die schon anderswo stationäre Therapieversuche gemacht haben und dann zu uns kommen, wissen die bei uns gegebenen äußeren Modalitäten allerdings zu schätzen.)

Manche verleitet dies dazu, unsere Klinik für eine Art „goldener Käfig" zu halten, der von vornherein nicht erwarten läßt, daß hier ernsthaft gearbeitet wird. Wir müssen feststellen, daß es *solche* Kliniken tatsächlich in Deutschland gibt, die teilweise auch gerade deswegen von Patienten aufgesucht werden. Selbstredend ist nicht die angenehme Atmosphäre entscheidend, sondern die Nützlichkeit der Behandlung.

Hausordnung

Auch bei unseren ohnehin schon lockeren Regeln bilden sich bei manchen Patienten Widerstände gegen den einen oder anderen Punkt, was in der Natur der Krankheit und auch in der Individualität jeder Person begründet ist. Ohne Regeln läßt sich aber ein Zusammenleben und -arbeiten im allgemeinen und eine klinische Behandlung im besonderen nicht realisieren.

Deswegen gibt es auch in unseren Häusern eine (vergleichsweise liberale) Hausordnung, die unsere Auffassung widerspiegelt und die mehr als Orientierungshilfe für Patienten als zu ihrer Disziplinierung dient. Gewisse Einschränkungen sind aber notwendig und in der Regel durch die Krankheit bedingt (siehe auch S. 90). Kommt es während des stationären Aufenthaltes zu groben Regelverstößen (z. B. wenn ein Patient die Ausgangszeit [bis 22.00 Uhr] weit überzieht), wird uns deutlich, daß entweder die Sucht den Patienten doch noch mehr im Griff hat als wir angenommen haben oder daß es dem Patienten noch nicht gelingt, sich völlig auf die Therapie einzulassen, so daß er deren Regeln akzeptieren und einhalten kann. Nachdem wir mit dem betroffenen Patienten den Vorfall besprochen haben, bitten wir ihn vorübergehend noch einmal auf die Aufnahmestation zurückzukehren – zu seinem Schutz, nicht zur Disziplinierung!

Trotzdem wird diese Maßnahme von Patienten leicht als Diszi-plinierung mißverstanden. Einige Patienten versuchen dann, einen Machtkampf mit den Therapeuten bzw. der Klinikleitung auszutragen. Für Machtkämpfe stehen wir nicht zur Verfügung. Wir versuchen, dem Patienten klarzumachen, warum wir eine solche Maßnahme für erforderlich halten.

Innerer Therapieabbruch

Nach der Entgiftung und dem langsamen Wiederaufbau des Selbstwertgefühls unterschätzen viele Patienten den Schweregrad ihrer Suchterkrankung und die immer noch notwendige Mühe bei der Therapie, die sie dann nicht mehr auf sich nehmen wollen. Sie entfernen sich dann *innerlich* aus der Therapie. Dann ist es unsere Aufgabe, sie in ihrem eigenen Interesse zurückzuführen. Nur wenn das nicht gelingt, was selten vorkommt, brechen wir die Therapie ab. Dies hat inhaltliche, aber auch ökonomische Gründe: Inhaltlich hat ein weiterer stationärer Aufenthalt keinen Sinn, wenn die Therapie nicht fortgeführt werden kann und ökonomisch halten wir es für unfair, den Patienten (und ihren Versicherungen) hohe Tageskosten zuzumuten, obwohl wir wissen, daß ein therapeutischer Effekt nicht mehr zu erwarten ist. Diese Vorgehensweise gilt auch für die anderen Schwierigkeiten im Therapieverlauf.

Pairing (Paarbildung)

Pairing bezeichnet eine starke persönliche Beziehung (manchmal auch Liebes- und sexuelle Beziehung) zu einem anderen Patienten. Paarbildungen entstehen, wenn die Patienten sich selbst und ihren Körper und mögliche Bezugspersonen – in der Klinik sind das in der Regel Mitpatienten – „wiederentdecken". Das passiert nach der Entgiftung, wenn das damit verbundene suchtspezifische Psychosyndrom abklingt und das Selbstwertgefühl sich langsam wieder aufbaut.

Vor der Therapie spürten die Patienten ihre soziale Vereinsamung und das damit verbundene verminderte Selbstwertgefühl, das durch die fortschreitende Krankheit entstanden war. Im Laufe der erfolgreichen Therapie machen sie dann die Erfahrung, wieder soziale Beziehungen aufbauen zu können und wieder begehrt zu werden. Sie können und wollen dann manchmal nicht widerstehen. Solche Paarbildungen halten fast nie über die stationäre Therapie hinaus.

Im Gegensatz zu anderen meinen wir nicht, daß nun, da die emotionalen Kapazitäten teilweise durch die neue „Partnerschaft" gebunden ist, in jedem Fall für eine emotional ausgerichtete Behandlung kein Raum mehr ist. Im Unterschied zu anderen Kliniken entlassen wir die Patienten deswegen nicht automatisch in dieser Situation. Das würde ihnen nichts nützen, und wir würden unseren Behandlungsauftrag, nämlich die Suchtbehandlung, nicht erfüllen. Es sorgte allenfalls für „Ruhe" in der Klinik.

Wir ändern dann das Setting (z. B. die Gruppenzusammensetzung) wenn möglich so, daß die Patienten eine Chance behalten und unter Umständen sogar therapeutischen Nutzen aus der Situation ziehen können. Dazu sind, entsprechend der veränderten individuellen Situation, Variationen des Therapieverlaufes erforderlich. Manchmal bilden wir aus beiden Partnern eine eigene „Kleingruppe". Wir besprechen mit beiden (einzeln oder zusammen) die Situation und machen Vorschläge, wie die Therapie weitergeführt werden kann. Es kommt vor, daß die beiden Partner die Therapie dann als Paar machen. Oft können sie aber auch in der größeren Gruppe belassen werden, manchmal werden sie sogar von ihr „getragen". Ohne diese Variationen droht die Therapie allerdings ins Leere zu laufen oder aufzuhören. Deswegen kümmern wir uns um solche „Paarbildungen" bei den Patienten. Manche empfinden das als unbefugte disziplinäre Einmischung der Klinik in ihre persönlichen Angelegenheiten. Gerade darum geht es aber nicht.

Selbstverständlich sind die Patienten, auch die suchtkranken, in ihrer persönlichen Integrität nicht anzutasten. Wir „verbieten" Paarbildungen auch nicht, wie das mancherorts geschieht, sondern versuchen, mit den beteiligten Patienten die Situation zu erörtern und ihnen deutlich zu machen, warum wir uns um ihre „persönlichsten" Angelegenheiten kümmern. Schließlich ist auch die Suchtkrankheit eine sehr persönliche Angelegenheit, um die wir uns kümmern *sollen*.

Zwei Formen des Pairings glauben wir unterscheiden zu können:

- die pathologische Form, die auf illusionärer Wahrnehmung beruht und mit einem entsprechenden Glücksgefühl einhergeht;

- die gereifte Form, die durch ein Sich-selbst-Versuchen auf einem neuen, erwachseneren Niveau gekennzeichnet ist.

Alte neurotische Strukturen werden, ähnlich einer Reinszenierung früherer Situationen, erlebt, wodurch lang bestehende Muster von Konflikten und Mißverständnissen sichtbar werden. In der Therapie nutzen wir das Pairing als Chance zu einer detaillierten Untersuchung der Beziehungsstrukturen der betroffenen Patienten. Wenn die Interpretation der symbolischen Aspekte in der Pairingsituation gelingt und dabei neurotische Muster aufgedeckt werden können, ergibt sich ein wirklicher therapeutischer Fortschritt.

In der Regel gelingt es, die zunächst störende Entwicklung eines Pairings therapeutisch zu nutzen. Das heißt natürlich nicht, daß wir Paarbildungen fördern oder begünstigen. Aber wir sind auch nicht Moralapostel oder Sittenwächter – sondern Therapeuten. Andere Patienten werden in ihrer Therapie und in ihrem Befinden dadurch nicht gestört, ihre therapeutische Arbeit wird nicht behindert.

Rückfälle

Natürlich können während der stationären Behandlung Rückfälle vorkommen: in der Aufnahmestation mit ihren Einschränkungen fast nie, jedoch nach der Verlegung auf die Allgemeinstation mit der dort gegebenen umfassenderen Bewegungsfreiheit außerhalb der Therapiezeit. Nach unserer Annahme, daß im emotionalen Relief mehrere Besonderheiten in Kombination zu einer psychischen Erkrankung führen (hier zu einer Abhängigkeit), gehen wir auch davon aus, daß bei Rückfällen im stationären Bereich ähnliche Mechanismen (noch) aktiv sind.

Wir unterscheiden zwischen einem „trockenen" und einem „nassen" Rückfall. Der „trockene" Rückfall ist durch eine bestimmte emotionale Lagebefindlichkeit gekennzeichnet. Der Patient erkennt oft die Gefährdung und ist noch fähig, selbst zu handeln und sich Hilfe zu holen. Erkennt er die Gefährdung nicht (was verschiedene Gründe haben kann, siehe auch S. 31), wird aus dem „trockenen" Rückfall ein „nasser", d. h. der Patient greift wieder zum Suchtmittel. (Entgegen unserer Definition wird in der Literatur der „trockene" Rückfall des öfteren als „Trockendelir" – Entzugserscheinungen trotz Abstinenz – definiert.)

Eines der Ziele der Suchttherapie ist, daß der Patient *die* Besonderheiten herausfindet, die *ihn* in die Sucht geführt haben und die auch im Verlauf der Therapie und danach Rückfälle auslösen können. Bei den rückfallauslösenden Faktoren handelt es sich *nicht*, wie oft fälschlicherweise geglaubt wird, um irgendwelche *Anlässe* (z. B. ein bestimmtes Verhalten einer Bezugsperson), sondern um tieferliegende, emotional wirkende Ursachen. Um Rückfällen vorzubeugen, muß der Patient also u. a. lernen, alle auf seine emotionale Lagebefindlichkeit einwirkenden Ereignisse daraufhin zu prüfen, wie sie sich jeweils emotional auf ihn auswirken. Dabei handelt es sich nicht immer um negative Einwirkungen (z. B. Kränkungen), sondern auch um positive (z. B. Erfolgserlebnisse). *Beide* können zu Rückfällen führen. Zwei Instrumente unserer Therapie wirken also bei der Rückfallprophylaxe zusammen:

1. Die Kenntnis der individuell rückfallgefährdenden Gegebenheiten und
2. die Selbstbestimmung der emotionalen Lagebefindlichkeit, um festzustellen, ob solche Gegebenheiten eingetreten sind.

Jeder Patient muß die ihn betreffenden Verletzbarkeiten so gut kennen, daß er zu jeder Zeit und in jeder Situation aus dem Effeff entsprechend handeln kann (siehe auch S. 29). Das ist auch besonders für die Zeit *nach* der Therapie wichtig, weil nur dann ein „nasser" Rückfall vermieden werden kann. Kommt es während des stationären Aufenthalts zu einem „nassen" Rückfall, wurde die Abhängigkeit erst zum Teil therapiert. Die bis dahin erworbene Handlungsfähigkeit des Patienten reichte also in der ihn gefährdenden Situation noch nicht aus, so daß der „trockene" zum „nassen" Rückfall werden konnte.

Die „nassen" Rückfälle werden von den Betroffenen zwar meist verschwiegen, aber oft von anderen (von uns oder von Mitpatienten) „entdeckt". Regelmäßige, unter allen Patienten unvermittelt durchgeführte Screenings (Laboruntersuchungen) auf bewußtseinsverändernde Mittel tragen dazu bei. Haben wir schon einen entsprechenden Verdacht, sprechen wir den betreffenden Patienten an und verdeutlichen ihm die Notwendigkeit, ihn auf evtl. eingenommene Suchtmittel zu untersuchen (immer auf mehrere, wegen der Kreuztoleranz, siehe auch S. 40). So gut wie immer stimmt der Patient zu. Die Screenings erfolgen zunächst aus dem Urin, bei unklaren Ergebnissen auch noch aus dem Blut. Unklarheiten können bei Urinuntersuchungen durch dessen Konzentration entstehen, und es kann deswegen (selten) vorkommen, daß wir bei den Untersuchungen Hinweise auf eine Wiederaufnahme eines Suchtstoffes erhalten, denen wir nachgehen *müssen*. Manchmal sind sich die Patienten aber *sicher,* daß sie nichts eingenommen haben, so daß dann der Befund gegen die überzeugende Aussage steht. Nicht immer ist dieser Widerspruch zu klären. Wir besprechen das mit dem Patienten offen und bitten um kooperatives Verständnis, daß wir im Rahmen unserer gesetzlichen Sorgfalts- und Fürsorgepflicht nicht anders handeln können als wir es tun. Wir wissen natürlich auch um die Scham und die psychischen Verdrängungsmechanismen, die ein wirklicher Rückfall mit sich bringt.

Beim Therapieprozeß handelt es sich um eine Partnerschaft zwischen Therapeuten und Patienten im gemeinsamen Kampf gegen die Krankheit – und nicht etwa um eine Gegnerschaft im Sinne eines Katz-und-Maus-Spiels. Wenn ein Patient trotz aller Versuche unsererseits nicht in der Lage ist, dieses gemeinsame Ziel zu sehen und den Weg dorthin wieder neu aufzunehmen, müssen wir uns trennen.

Weil die Tatsache eines Rückfalls allen Beteiligten auch zeigt, daß die Therapie noch nicht so weit fortgeschritten ist, wie alle glaubten, muß sie wieder einen Schritt zurück gehen und wieder neu ansetzen. Ein Rückfall führt in der Regel beim Patienten zu schweren Versagensgefühlen, sein Selbstwertgefühl nimmt wieder neuen Schaden. So ist der Patient in einem Rückfall physisch und psychisch höher gefährdet als vorher. Das zwingt auch zu organisatorisch-therapeutischen Maßnahmen, wie z. B. der Wiederaufnahme auf die Aufnahmestation.

Damit ist *keine* Geringschätzung der Person des Patienten verbunden, auch wenn er das glaubt. Wir mißtrauen *nie* dem Patienten – aber *immer* der Erkrankung.

Wenn wir dem Patienten klarmachen können, daß *nicht er* versagt hat, *sondern daß die Krankheit* ihn noch zu sehr im Griff hat, gelingt eine Bearbeitung der wegen des Rückfalls empfundenen Minderwertigkeitsgefühle. Wir untersuchen zusammen mit dem Patienten, ob es z. B. an der mangelnden emotionalen Akzeptanz oder an mangelnder Introspektionsfähigkeit (Beurteilung der emotionalen Lagebefindlichkeit) gelegen haben kann und bessern dann dort zusammen nach. Auf diese Weise profitiert der Patient sogar von seinem Rückfall, denn gelegentlich gelingt erst dadurch eine realistische Sicht der Schwere und der Gefährlichkeit der Suchterkrankung.

Trotzdem wird natürlich strikt darauf hin gearbeitet, daß jeder Patient selbst Verantwortung für die Therapie trägt, Rückfälle eingeschlossen, auch wenn er sie (noch) nicht verhindern konnte.

Begriffsbestimmung: Kur versus Therapie

Eine weitere Schwierigkeit, die gelegentlich zu einem erheblichen Therapiehindernis werden kann, hat nur teilweise mit der Erkrankung und der Therapie selbst etwas zu tun. Sie liegt in der allgemein verbreiteten Auffassung, daß es sich bei der Therapie einer Sucht um eine „Kur" handelt. Dies wieder wird dadurch begründet, daß die Rentenversicherer in Deutschland Kosten übernehmen. Sie dürfen nämlich nach dem Gesetz (Soz.Ges.B VI) nur Kuren (Rehabilitationen) finanzieren. Seit der finanziellen Übernahme der „Entwöhnungsmaßnahmen" durch die Rentenversicherer im Rahmen einer Kostenteilung mit den gesetzlichen Krankenkassen 1978 (Suchtvereinbarung genannt) führen die Rentenversicherer diese „Kuren" durch. In Wirklichkeit handelt es sich bei der ganzen Behandlung, bestehend aus „Entgiftung" und „Entwöhnung" um akutklinische Maßnahmen. Da *Rentenversicherer* nach dem Gesetz keine akutmedizinische Behandlung bezahlen *dürfen*, hat hier eine fehlerhafte Begriffsbestimmung eines Teiles der Suchttherapie als „Kur" stattgefunden. Die Zweiteilung der Therapie ist also nicht sachlich begründet, sondern lediglich verwaltungstechnisch. Die falsche Bezeichnung wird von allen

Kliniken und Fachtherapeuten beklagt, die mit ihr umgehen müssen. Die Patienten meinen dann nämlich, sie hätten sich in eine „Kur" zu begeben. Der Begriff „Kur" ist in der Bevölkerung mit der Korrektur von kleineren, nicht so schlimmen Gesundheitsstörungen verknüpft, nicht mit einer akutklinischen Behandlung. Folglich unterschätzen Suchtkranke die Schwere und die Gefährlichkeit ihrer Krankheit. Mit dem Begriff „Kur" wird unter anderem auch verknüpft, daß sie vornehmlich angenehm, freizeitreich und von vornherein zeitlich terminiert ist. Bei wirklichen Kuren, deren Teilnehmer ja auch nicht krank im engeren Sinne sind, sondern denen es noch etwas besser gehen soll, hat das auch seine Berechtigung.

Bei der Therapie einer schweren, über ein Siechtum lebensbegrenzenden Krankheit ist jedoch eine „Kur" in ihrem ursprünglichen Sinne völlig deplaziert. Es handelt sich deswegen bei *unseren* Behandlungen um akutklinische Aufenthalte, die manchmal am Anfang sogar eine intensiv-medizinische Behandlung erfordern.

Die falsche Verwendung des Begriffes „Kur" für die Suchttherapie bringt auch mit sich, daß die Patienten von einer festgelegten Behandlungsdauer ausgehen. Da es sich bei der Sucht jedoch um eine individuelle Erkrankung handelt, kann die voraussichtliche Dauer der individuellen Therapie allenfalls acht bis zehn Tage nach der Aufnahme in die Klinik abgeschätzt werden.

Viele Patienten schätzen ihre Krankheit und die erforderliche Therapie ganz falsch ein: sie gehen von einem definierten Zeitplan aus und haben auch ihr Leben nach dieser „Kur" bereits fest terminiert und geplant (siehe auch S. 32).

Wenn dann die Zeit nicht reicht und sich das vom Patienten geplante „Ende" immer mehr nähert, obwohl er gleichzeitig sieht, wieviel noch zu bearbeiten wäre, gerät er unter einen zusätzlichen Druck. Dieser aber ist für die Bewältigung emotionaler Probleme eine erhebliche Bremse.

Die Zeit vor und nach der Therapie

≡ **Jeder hat seinen eigenen Weg in die Krankheit – eine Zusammenfassung**

Wie sich nach unseren Grundannahmen die emotionalen Besonderheiten eines jeden Menschen entwickeln, ist ab Seite 18 dargelegt. Wir haben dabei festgestellt, daß die beschriebene emotionale Struktur die wichtigen, oft lebensrichtunggebenden Entscheidungen regiert. Deswegen können wir uns hier kurz fassen. Es sei nur in Erinnerung gerufen, daß *jeder* Mensch im Laufe seines Lebens eine emotionale Strukturierung erfährt. Wie diese Strukturierung aussieht, hängt von den emotional wirksamen, von außen auf ihn einwirkenden Ereignissen ab. Es werden nur wenige Menschen dabei emotional krank, bei noch wenigeren stellt diese Krankheit eine Suchterkrankung dar.

Ist eine Suchterkrankung entstanden, bleibt dem Betroffenen nichts anderes übrig, als sie in den Griff zu bekommen – oder daran zu sterben. Wesentliche emotionale Strukturierungen, von denen einige auch die emotionale Basis für die Entstehung seiner Suchtkrankheit gebildet haben können, bleiben, auch nach der Therapie. Die emotionale Struktur enthält die Ursachen für die Entstehung einer Abhängigkeitserkrankung: Aus ihr nämlich resultieren bestimmte Verhaltensweisen, die bestimmte Reaktionen der Bezugspersonen oder bestimmte Entwicklungen auslösen, die dann wiederum die emotionale Struktur neu prägen und krankmachenden Charakter haben. Diese auf bestimmten Besonderheiten im emotionalen Relief beruhenden Verhaltensweisen machen die „Ecken und Kanten" von Menschen aus. Sie wirken sich natürlich auf die Qualität sozialer Beziehungen aus.

So entsteht ein Teufelskreis: Krankmachende Besonderheiten → Verhaltensauffälligkeiten → negative Rückmeldungen von Bezugspersonen → neue negative Prägungen im ohnehin schon krankmachenden emotionalen Relief → zunehmender Leistungsverlust → Verminderung des Selbstwertgefühls → Fehlleistungen → Scham- und Makelgefühl → weitere negative Prägungen → und so fort.

Natürlich laufen solche Entwicklungen über lange Zeit. Negativ zu beurteilende Besonderheiten im emotionalen Relief (und ihre Auswirkungen) können lange durch die erlernten Verhaltensweisen, die jeder von uns hat (z. B. Umgangsformen), kaschiert werden. Je enger die sozialen Beziehungen zwischen Personen sind, desto schlechter gelingt diese Kaschierung. Bei unseren Patienten, die in der Regel aus gehobenen sozialen Schichten stammen, sind die gelernten Möglichkeiten, eigene „Ecken und Kanten" so zu kaschieren, daß Bezugspersonen mit ihnen einigermaßen zurechtkommen, ausgeprägter als bei anderen Menschen. Außerdem haben sie in der Regel mit ihren vielen Möglichkeiten auf der rationalen Ebene ihr Leben aufgebaut und Karriere gemacht. Einmal in gehobene Positionen gekommen, sind sie ablehnenden, abwehrenden oder aggressiven Reaktionen von Bezugspersonen (die unter ihrer Unausgeglichenheit, Ungerechtigkeit und mangelnder Kommunikationsfähigkeit zu leiden haben), weniger ausgesetzt. Denn je höher die hierarchische Position eines Betroffenen ist, desto weniger wagen es Mitarbeiter und Untergebene, ihn auf seine Veränderung anzusprechen. Obwohl die Tatsache der Alkoholabhängigkeit bekannt wird, erfolgt auch keine Mitteilung an andere Vorgesetzte oder noch höhere in der hierarchischen Ordnung. Das verlängert die Krankheitsdauer.

Das Selbstwertgefühl wird durch Alkohol scheinbar erst einmal wieder stabilisiert. Über die Toleranzentwicklung steigt vorläufig die Alkoholverträglichkeit. Weil die Gesellschaft zudem Trinkfestigkeit honoriert, kann sich der Mechanismus des inneren Spannungsabbaus durch Alkohol verfestigen. Bei manchen (beileibe nicht bei allen!) entsteht beispielsweise so eine Abhängigkeit. Natürlich ist dies nur ein Beispiel, unendlich viele andere sind ebenfalls denkbar. Es gibt kein „Schema" oder in jedem Fall zutreffende Voraussetzungen für die Suchtentstehung. Den „typischen" Alkoholiker bzw. den „typischen" Abhängigen gibt es nicht. **Jeder hat seinen eigenen Weg in die Krankheit.** Wir können nur deshalb von *einer* Krankheit sprechen, weil jeder Krankheitsverlauf ähnlich *endet*, vor allem was den Suchtdruck und die körperlichen Folgeschäden betrifft.

Durch die Verfestigung des beschriebenen Kompensationsmechanismus kann sehr langsam eine Abhängigkeit entstehen, was die Betroffenen selbst und auch ihre Bezugspersonen zunächst nicht bemerken. Gleichzeitig entwickelt sich das (von uns so genannte) der Krankheit innewohnende „innere" Psychosyndrom, das die Betroffenen tückischerweise ebenfalls *nicht bemerken können*. Seine Auswirkungen werden aber von den Bezugspersonen sehr wohl registriert. Für sie verändert sich der Kranke langsam. Zunächst versuchen sie mit Bitten den Betroffenen vom Alkoholkonsum abzubringen, später mit Ermahnungen, die zunehmend unfreundlicher und, wegen der empfundenen Hilflosigkeit auch verzweifelter werden. Weil durch die psychische Veränderung im Zusammenhang mit der Sucht auch die Kritikfähigkeit nachläßt, erreichen diese Mahnungen die Betroffenen nicht – oder haben nicht die gewünschte Wirkung. Wenn die Bezugspersonen den Kranken aus früheren Zeiten als verständigen, Argumenten nicht verschlossenen und auch einsichtigen Menschen kennen, verstehen sie noch weniger, was hier vorgeht. Sie ziehen aus seinem Verhalten dann falsche Schlüsse.

≡ Eine Therapie beginnen

Spätestens wenn die Suchterkrankung manifest wird, ist der Patient auf die Hilfe Dritter, möglichst von Fachleuten, angewiesen. Schon wegen der Unmöglichkeit, die eigene Situation richtig zu beurteilen, sind therapeutische Selbstversuche von vornherein zum Scheitern verurteilt.

Viele Patienten (und Ärzte!) versuchen eine Suchterkrankung, die zusammen mit einer anderen seelischen Erkrankung (z. B. Depression) besteht, zu beheben, indem sie diese andere seelische Erkrankung behandeln bzw. behandeln lassen (weil sie diese für den Suchtauslöser halten). Das ist ein Irrtum. Die Sucht kann zwar als Folge verschiedenster psychischer Schwierigkeiten entstanden sein, ist dann aber eine *ganz eigenständige Erkrankung* und nicht nur ein Symptom der ursprünglich vorhandenen psychischen Schwierigkeiten bzw. der psychischen Erkrankung. Diese bedarf einer eigenen, ggf. parallel durchzuführenden Therapie.

Dieser Fakt ist leider noch keineswegs Allgemeingut. Er erklärt aber, warum therapeutische Selbstversuche der Patienten ebenso wie Versuche von Ärzten, die „Grunderkrankung" zu behandeln, um damit die vermeintliche „Zweiterkrankung" (Sucht) zum Verschwinden zu bringen, zum Scheitern verurteilt sind.

Zuerst muß eine Abhängigkeit intensiv und ausreichend behandelt werden! Erst *danach* (u. U. auch parallel mit zeitlich versetztem Beginn) kann eine eventuell zusätzlich bestehende psychische Erkrankung behandelt werden. Das umgekehrte Vorgehen ist außerdem unsinnig, weil durch das suchtbedingte innere Psychosyndrom die Behandlung der anderen Erkrankung gar nicht erfolgreich sein kann.

Während einer Sucht nimmt aus den verschiedensten Gründen das Selbstwertgefühl zunehmend Schaden. Nicht nur sie selbst, sondern auch ihre Bezugspersonen glauben, daß ihre Persönlichkeit minderwertiger geworden sein müsse, weswegen sie abhängig geworden seien. In Wirklichkeit verhält es sich genau umgekehrt: Weil sie abhängig geworden sind, kam es zu einem Verlust des Selbstwertgefühls, worauf sie sich minderwertig vorkommen. Selbstwertgefühl aber ist ein Lebenselixier, ohne das niemand leben kann.

Geht das Selbstwertgefühl des Kranken völlig verloren, kommt es fast regelmäßig zu einer „Katastrophenreaktion", sehr häufig ein Selbstmordversuch. Mißlingt er, ist dies oft der Anfang einer Therapie. Glücklicherweise beginnen aber viele Kranke eine Therapie, *bevor* eine Katastrophenreaktion eintritt. Entgegen der weit verbreiteten Vorstellung kann nämlich eine Therapie nicht nur helfen, wenn der Patient schon fast vollkommen zerstört ist, sozusagen „in der Gosse liegt", sondern schon viel früher. Nur fällt die Entscheidung zur Therapie dem Kranken dann noch wesentlich schwerer, weil er zu viele Hürden zu sehen glaubt. Es ist daher unser Bestreben, diese Hürden möglichst abzubauen, um den Abhängigen den Eintritt in die Therapie so leicht wie möglich zu machen. Je später ein Patient allerdings in die Therapie kommt, desto desolater ist meist die ganze Lebenssituation. In Extremfällen schildern Betroffene das Leben unmittelbar vor der Therapie so: „Ich trank, um zu schlafen, und schlief, um zu trinken." Die sozialen Beziehungen und auch die Ergebnisse des früheren Lebensaufbaues sind dann oft schon so stark zerstört, daß sie sich manchmal nicht wieder herstellen lassen, auch wenn die Therapie Erfolg hat.

Unselige zusätzliche Barrieren, sich in Therapie zu begeben, sind das in Deutschland vorgeschriebene Antrags- und Genehmigungsverfahren, lange Wartezeiten und die Zweiteilung der Therapie selbst (in Entgiftung und Entwöhnung). Zwischen den beiden Teilen liegen u. U. wieder Wartezeiten, die die Gefahr eines Rückfalls bergen.

In günstigen Fällen endet der schreckliche, sich über Jahre hinziehende Krankheitsverlauf mit einer Therapie. In ungünstigen Fällen endet er in Elend und Tod. Im statistischen Durchschnitt dauert eine „Suchtkarriere" ca. sieben Jahre.

Co-Abhängigkeit: Die Rolle der Angehörigen

Wir haben schon mehrfach darauf hingewiesen, daß die Bezugspersonen eines Abhängigen von der Krankheit immer mitbetroffen sind.

- Partner oder Familienangehörige versuchen, die Sucht zu vertuschen, um nicht gesellschaftlich geächtet zu werden. Auch glauben sie, sie könnten die Krankheit schon irgendwie selbst in den Griff bekommen.

  Sie verstecken z. B. den angetrunkenen Kranken und besorgen den Nachschub des Suchtmittels, wenn sie die Entzugserscheinungen sehen. Die Kinder verschweigen das Geschehen zu Hause gegenüber Mitschülern, Freunden u. a. Dieses Verhalten ist ihnen, weil sie über die Krankheit nicht Bescheid wissen, nicht zu verübeln. Aber es verlängert und verschlimmert die Suchtkrankheit, weil es auch die Zeit bis zu einer fachgerechten Hilfe verlängert.

- Gleichzeitig leiden die Bezugspersonen unter den Persönlichkeitsveränderungen und den unbegreiflichen Handlungen des Betroffenen, (während sie dieser selbst ja nicht wahrnehmen *kann*!). Anfangs sind die Ermahnungen noch von Sorge getragen, im Laufe der Zeit werden sie jedoch zunehmend unfreundlicher. In der (irrigen) Annahme, der Betroffene könne durchaus etwas ändern, wenn er es nur wolle und in Angriff nähme, versuchen sie ihn durch entsprechenden Druck dazu zu bringen. Alles mißlingt. Durch diese Leiden und auch durch ihre eigenen Mißerfolge bei den vielen Versuchen, den Lauf der Dinge zu ändern, verzweifeln die Bezugspersonen mehr und mehr. Vor allem ihr Selbstwertgefühl verschwindet langsam angesichts des aussichtslosen Kampfes. Die Energiequelle für all die Bemühungen – Zuneigung, Liebe – versiegt langsam. Die Bezugspersonen werden *selbst* psychisch krank, ohne abhängig zu sein.

Weil diese (sekundäre) Erkrankung in engem Zusammenhang mit der Abhängigkeit des Betroffenen steht, nennt man sie Co-Abhängigkeit.

• Mit der zunehmenden Hilfsbedürftigkeit des Betroffenen werden die Bezugspersonen – trotz allen Leidens – immer nötiger, wichtiger und damit „aufgewertet". Sogar das Selbstwertgefühl steigt in gewissen Maß, fußend auf der vermeintlich entstandenen Minderwertigkeit des Betroffenen. Dies geschieht besonders dann, wenn z. B. in einer Partnerschaft oder Familie, das zunächst starke und in diesem Kreis mächtige Mitglied an einer Sucht erkrankt. Natürlich sehen und empfinden die Bezugspersonen dies nicht so. Sie werden ganz von der Verzweiflung, der Hilflosigkeit und der Ohnmacht gegenüber der Situation und der Krankheit beherrscht, auch von der Angst vor der Zukunft, die nach herkömmlicher Ansicht ja nur von Elend und Schande bestimmt sein kann. Erst viel später, nach der Therapie, wenn die akut bedrohliche Situation nicht mehr besteht und der Betroffene nicht mehr minderwertig erscheint, werden diese Veränderungen bemerkt.

Nach erfolgreicher Therapie erwarten die Bezugspersonen, daß der Betroffene sich nun besonders „pflegeleicht" zu verhalten habe. Das liegt an ihrer (Mit)Leidensgeschichte und an der damit verbundenen falschen Überzeugung, der Betroffene habe eine „Schuld" wiedergutzumachen. So sind Konflikte und Enttäuschungen auf allen Seiten vorprogrammiert, auch dem Rückfall bleibt der Boden bereitet. Um das zu vermeiden, bereiten wir Bezugspersonen und die Betroffenen selbst auf die Zeit nach der Therapie vor (siehe auch S. 83).

Wie geht es *nach* der stationären Therapie weiter?

Psychotherapie

Auf die Notwendigkeit, an die stationäre Behandlung eine ambulante Psychotherapie anzuschließen, wurde bei Besprechung der Säule D unseres Therapieaufbaus ausführlich eingegangen (siehe auch S. 76).

Wir gehen davon aus, daß die gesamte Therapie einer Sucht ein bis zwei Jahre in Anspruch nimmt. Durch neuere Untersuchungen ist bekannt, daß allein die biochemische Fixation der Sucht erst nach etwa einem Jahr vollständig rückgebildet ist. Außerdem möchte ich in Erinnerung rufen, daß die Entwicklung des emotionalen Reliefs, darunter auch die Entstehung neuer, eventuell krankmachender Besonderheiten, bis zum Lebensende weitergeht.

Selbsthilfegruppen

Wir haben auch schon darauf hingewiesen, wie wichtig der Besuch von Selbsthilfegruppen nach der stationären Therapie ist (siehe auch S. 80). An dieser Stelle sei noch einmal betont, daß die Psychotherapie und die von uns zusätzlich angebotene Intervalltherapie in keiner Weise den Besuch von Selbsthilfegruppen ersetzen kann. Sie haben hauptsächlich die Aufgabe, das emotionale Therapieergebnis wirksam zu halten.

Lebensgestaltung

Freizeitaktivitäten
Nach der stationären Therapie muß die Lebensgestaltung wieder neu geplant werden.

Manche Patienten meinen, sie müßten „irgendeiner vernünftigen" Freizeitbeschäftigung nachgehen. Sie beginnen dann irgendeine Sache, ohne zu prüfen, ob diese denn die wichtigste Funktion für ihre psychische Gesundheit erfüllt: *Stabilisierung des Selbstwertgefühls* und daraus resultierende Zufriedenheit.

Welche Aktivitäten im Einzelfall empfehlenswert sind, kann also pauschal nicht beantwortet werden. Jeder sollte überlegen, wo seine Interessen und Begabungen liegen. Es sollten Beschäftigungen sein, die *nicht nur alleine* ausgeübt werden, weil dann keine neuen sozialen Kontakte aufgebaut werden können. Manchmal wird die Ansicht vertreten, die Patienten sollten keine Beschäftigung auswählen, die mißlingen könnte, um Frustrationen zu vermeiden, die dann vielleicht Rückfälle nach sich ziehen könnten.

Ich halte das nicht für richtig und meine, man sollte seine Fähigkeiten (und sich selbst!) ruhig wieder ausprobieren. Auch schwierigere Aufgaben können durchaus angegangen werden. Von ihrer Bewältigung sollte aber nicht die weitere Existenz abhängen. Dann hat es keine gravierenden Folgen, wenn die gestellte Anforderung nicht erreicht wird. Wer sich auf einen möglichen Mißerfolg einstellt, den wirft er nicht mehr um. Er kann mit Gelassenheit ertragen werden.

Viele Patienten besuchen z. B. einen Jägerkurs, in dem man sehr viel über die Natur lernen kann. Auf diese Weise kann man ausprobieren, ob man trotz der langen Suchtbelastung des Gehirns noch ein großes Lernpensum schafft. Auch wenn man die Prüfung am Ende nicht schaffen sollte, hängt davon nicht die Existenz ab. Aus jeder Aktivität läßt sich selbst bei einem Mißerfolg noch vielerlei Nutzen ziehen: Nicht alles Gelernte geht wieder verloren, und selbst die mißlungene Prüfung kann zum Anlaß genommen werden zu prüfen, ob und inwieweit die Maxime aller Abhängigen nach der Therapie beherrscht wird:

Hinzunehmen, was man nicht ändern kann, zu ändern, was man ändern kann, und die Weisheit, das eine vom anderen zu unterscheiden.

Beziehungen

Nach der stationären Therapie versuchen viele Patienten, frühere Beziehungen, insbesondere emotionale Bindungen im Hau-Ruck-Verfahren wieder herzustellen, was regelmäßig zum Scheitern verurteilt ist.

So verständlich der Wunsch ist, z. B. Partner oder Kinder wiederzugewinnen, die sich während der Sucht abgewandt haben, so sehr muß davor gewarnt werden, diese Bindungen durch besondere

Bemühungen, womöglich rein materieller Art, wieder zu erreichen. Ein gewisser Fatalismus hat sich hier bewährt. Man kann sein Leben nach der stationären Therapie ja sowieso nur so gut leben, wie man es eben kann. Mehr geht nicht. Die Erfahrung lehrt uns, daß sich die meisten der verloren geglaubten emotional-sozialen Bindungen wieder regenerieren.

Jeder Kranke muß aber damit rechnen, daß die Therapieergebnisse zunächst mit Mißtrauen beobachtet werden. Das dauert erfahrungsgemäß (in abnehmender Intensität) ein Jahr. Erst dann sind die durch die Krankheit vielfältig traumatisierten Bezugspersonen bereit, langsam an einen Erfolg der Therapie zu glauben, und ihre Angst vor dem Rückfall (diese haben sie genauso wie die Abhängigen selbst) läßt nach. Es ist auch zu berücksichtigen, daß die Bezugspersonen bestimmte Erwartungen an den Betroffenen stellen und weiter, daß sie in der Regel längst nicht so viel über die Krankheit wissen (aber eine feste Meinung dazu haben), wie der betroffene Partner oder Angehörige, der in der Therapie eine Menge gelernt hat. Außerdem halten sie sich oft für wertvoller und persönlich besser qualifiziert, weil sie eben nicht abhängig geworden sind. Schon deswegen wollen sie nicht „belehrt" werden.

Der – oft beobachtete – Versuch, gezielt und möglichst schnell eine neue Partnerschaft aufzubauen, ist selten erfolgreich, eben weil er mit diesem bestimmten Ziel unternommen wird. Manche stellen sich vor, daß das leichter geht, weil die neue Person ja nicht durch die Vorgeschichte traumatisiert ist. Es fehlt dann jedoch an Authentizität. Auch auf anderen Gebieten ist Authentizität für den Betroffenen sehr wichtig. Das gilt auch für den Umgang mit der Suchtkrankheit (die ja lebenslang bestehen bleibt, man hat sie nach einer erfolgreichen Therapie nur „im Griff"): Obwohl die Erfahrung zeigt, daß etwa zehnmal mehr Personen über die Krankheit des Betroffenen Bescheid wissen, als er schlimmstenfalls schon annimmt, stößt er immer wieder auf Personen, die von seiner Erkrankung noch nichts wissen. Diese werden ihm im gesellschaftlichen Umgang immer wieder alkoholische Getränke anbieten, wie das so üblich ist.

Kollegen und Vorgesetzte wollen wissen, ob und wie weit der Betroffene nach der stationären Therapie wieder belastbar ist.

So sieht sich der therapierte Abhängige immer wieder den Fragen gegenüber: Wie sollen wir mit dir umgehen? Wie weit bist du belastbar? Stört es dich, wenn *wir* Alkohol trinken? Sind besondere Vorsichtsmaßnahmen (z. B. ein völlig alkoholfreier Haushalt) angezeigt?

Der Betroffene selbst muß einen Weg finden, alkoholische Getränke abzulehnen, ohne den Anbieter zu kränken. Da die Gesunden keine langen Vorträge hören möchten, braucht man eine *kurze, schlüssige, wahrhaftige* und auf Dauer einsetzbare Aussage, die niemanden kränkt. Ich schlage seit 12 Jahren unseren Patienten die folgende Formel vor:

Ich bin mal abhängig geworden,
habe eine Therapie gemacht,
und nun trinke ich nicht mehr.

Wenn es um die Frage nach der Belastbarkeit geht, empfiehlt sich die Formel:

Ich bin mal abhängig geworden,
habe eine Therapie gemacht,
und nun habe ich die Sache im Griff.

Ich empfehle sehr, die Formel *genau so* und *ohne Variationen* zu benutzen, damit nicht das Gegenteil vom angezielten Zweck erreicht wird. Sagen Sie zum Beispiel nie, Sie seien Alkoholiker (anstatt: Ich bin mal abhängig geworden). Man wird Ihnen vermutlich (spätestens beim zweiten Mal) nicht glauben, weil jeder zu wissen meint, daß ein Alkoholiker dauernd betrunken ist – (und Sie sind es nicht). Wahrscheinlich fühlt sich Ihr Gegenüber auf den Arm genommen, vielleicht wird er deswegen auch ärgerlich.

Es versteht sich von selbst, daß diese Formeln nur dann angewendet werden können, wenn die Therapie erfolgreich gewesen ist und Abstinenz gehalten werden kann.

Oftmals wird mir die Frage gestellt, ob nach der stationären Therapie nicht noch eine Zeit der „Erholung" angebracht sei, die auch der Regeneration sozialer Verhältnisse dienen soll (z. B. Urlaub mit der Familie). Ich rate hiervon ab. Ich empfehle vielmehr, sofort nach Beendigung der stationären Therapie wieder die volle Berufstätigkeit aufzunehmen. Patienten, die noch eine Erholungszeit anschließen, übersehen, daß eine erfolgreiche Berufstätigkeit (sie sollte ja jetzt wieder möglich sein) eine der wichtigsten Quellen unseres Selbstwertgefühls ist. Ein Urlaub hilft da nicht.

An die Therapie anschließende Urlaubsreisen mit verloren geglaubten Bezugspersonen, also quasi zum Zwecke der „Reparatur" von alten Beziehungen, beinhalten häufig lange Diskussionen, Schuldvorhaltungen beiderseits usw. Daraus entstehen neue Belastungen mit der Gefahr eines Rückfalls. Die Bezugspersonen sind (verständlicherweise) noch sehr mißtrauisch, selbst wenn sie das bestreiten.

Therapieziel ist die *mühelose Abstinenz*. Dazu muß die Tatsache, suchtkrank zu sein, akzeptiert und so verinnerlicht werden, daß den Kranken das „Rühren" an diesem Thema nicht mehr irritiert.

Nur dann wird es möglich sein, daß er einerseits unbefangen über seine Krankheit sprechen kann, *wenn er danach gefragt wird*, daß er es andererseits aber auch nicht nötig hat, in quasi messianischem Eifer gegen den Alkohol und seinen Konsum (durch andere) zu wettern. Es ist der Sache auch nicht besonders dienlich, wenn die therapierten Patienten *ungefragt* lange Erklärungen abgeben.

Während der Therapie können wir oft beobachten, daß die Patienten in den Aufenthaltsräumen unserer Kliniken über das Thema Alkoholabhängigkeit spotten und Witze machen. Für mich ist das ein sicheres Zeichen, daß hier ein souveräner, gelassener Umgang mit dem Thema noch nicht erreicht ist. Genauso ist der Übereifer zu werten, den manche Patienten nach der Therapie im Kampf gegen den Alkohol entfalten: Es fehlt auch dann noch an der Gelassenheit, Dinge hinzunehmen, die man nicht ändern kann. Verbunden mit dem Mut, Dinge zu ändern, die man ändern kann und der Weisheit, das eine vom anderen zu unterscheiden, kann die Gelassenheit zu einer Lebensgestaltung und seelischen Grundhaltung führen, die ein besseres und inhaltsreicheres Leben ermöglicht, als es *vor Beginn der Erkrankung* (nicht der Therapie!) möglich war.

Beurteilung des Oberberg-Modells

Qualitätskontrolle

Es genügt nicht, ein neues Konzept und eine darauf aufbau-
ende Behandlungsmethode nur zu kreieren und umzusetzen, der Stan-
dard muß auch *erhalten* werden.

Deshalb muß auch unsere Arbeit kontrolliert werden. „Man
kann alles noch so gut durchdenken, planen, organisieren und durchführen. Zum Schluß werden alle Bemühungen mit dem ‚Schweinerei-
Coeffizienten' multipliziert. Was dann herauskommt, ist die Realität."
(W. Tönnies, zit. nach W. Schiefer, 1971) Wir strengen uns täglich dafür
an, diesen „Schweinerei-Coeffizienten" so klein wie möglich zu halten:

- Jeder Einzelfall wird einmal wöchentlich „durchgesprochen". In
  dieser Sitzung geht es meist um die Patienten einer Gruppe
  (also sechs bis acht). Manche Fälle sind jedoch so kompliziert,
  daß zusätzlich zu dieser wöchentlichen Sammelbesprechung
  noch eine besondere, einstündige Sitzung stattfindet, die sich
  ausschließlich mit *einem* solchen Fall beschäftigt. Hier kann
  der gegenwärtige Stand und der bisherige Verlauf der Behandlung noch genauer betrachtet und die Behandlungsrichtung
  ggf. korrigiert werden. Ausführlich erörtert werden auch die
  psychischen und psychopathologischen Hintergründe, aber
  auch eine evtl. Betroffenheit der Therapeuten, deren Beziehung zum Patienten usw.

- Da jeder Patient mit vier bis sechs Ärzten und Therapeuten
  parallel zu tun hat, müssen die Erkenntnisse *aller* zusammen-
  getragen werden. Dies ist nicht nur eine Frage der Qualitäts-
  kontrolle unserer Arbeit, sondern unseres multipersonalen
  Therapiekonzeptes (siehe auch S. 85). Die leitenden Ärzte und
  Therapeuten übernehmen die Beratung und Beaufsichtigung
  (Supervision) von Therapeuten, die direkt mit einem Patienten
  beschäftigt sind. Der Supervisor hat die Aufgabe, Fehler in der
  Methode zu korrigieren, Behandlungsstörungen durch eigene
  psychische Prozesse des Therapeuten aufzudecken und seine

Kompetenz richtig einzuschätzen. Er soll selbst nicht unmittelbar an der Behandlung des besprochenen Patienten beteiligt sein, damit er den nötigen Abstand zum supervisierten „Fall" hat.

■ Wie in jeder anderen Akutklinik auch wird selbstverständlich jede Krankengeschichte mit der Vorgeschichte ausführlich und sorgfältig schriftlich fixiert, ebenso die erhobenen Befunde und der Krankheitsverlauf. Am Ende der Therapie wird nicht nur ein spezieller Therapiebericht von dem behandelnden Therapeuten verfaßt, sondern selbstverständlich auch ein Arztbrief, der den Therapiebericht und die medizinisch-klinischen Besonderheiten zusammenfaßt und der auch eine Therapieempfehlung enthält. Dieser Abschlußbericht wird dem weiterbehandelnden Arzt geschickt (in der Regel zehn Tage nach der Entlassung des Patienten). Dazu ist das Einverständnis des Patienten erforderlich.

■ Zur Aufrechterhaltung einer qualitativ hochstehenden Psychotherapie sind intensive in- und aushäusige Fortbildungen erforderlich. Wir haben in den letzten Jahren in Zusammenarbeit mit Prof. Tress, Direktor der Klinik für psychosomatische Medizin und Psychotherapie in Düsseldorf, unsere Mitarbeiter systematisch fortgebildet. Die Fortbildung endete mit einer staatsexamenähnlichen Abschlußprüfung. Erstmalig in Deutschland konnten an dieser Ausbildung und Prüfung nicht nur Ärzte und Psychologen, sondern auch Mitarbeiter anderer Fachrichtungen (körperorientierte und gestaltende Therapie) teilnehmen (natürlich hatten alle Mitarbeiter auch vorher schon eine breite Qualifikation, die auch Einstellungsvoraussetzung ist). Darüber hinaus müssen alle Therapeuten selbständig an einer fachspezifischen Weiterbildung teilnehmen (sie erhalten dafür jährlich 14 Tage Sonderurlaub). Alle Ärzte befinden sich in Weiterbildung zum Arzt für Psychotherapie bzw. zum entsprechenden Zusatztitel oder haben diesen schon.

Um neben der intensiven Therapie diese Weiterbildung zu gewährleisten, haben wir den Patienten-Therapeuten-Schlüssel von 2:1 und die 40-Stunden-Woche beibehalten. So ist eine zeitliche Kontinuität der Behandlung gewährleistet.

Durch die Intensität der Therapie ergibt sich ein dichter Arbeitsplan für Patienten, Therapeuten und Ärzte (siehe auch Abb. 8, S. 86). Er wird wöchentlich erstellt. Für eine gute Koordination aller Termine (für 40 bis 60 Patienten mit etwa 25 Behandelnden) sorgt ein von uns entwickeltes Computerprogramm. Es wurde inzwischen mit Modifikationen von vielen anderen Kliniken übernommen.

Nun ist es natürlich wichtig, den eigenen Qualitätsstand nicht nur selbst zu kontrollieren, sondern zusätzlich auch durch unabhängige Dritte im Vergleich mit anderen therapeutischen Einrichtungen kontrollieren zu lassen. Aus diesem Grund nehmen wir an einem bundesweiten Qualitätssicherungsprogramm für Suchtkrankenhäuser teil (SEDOS). Da uns auch dies noch nicht genug erschien, haben wir in jüngster Zeit zusätzlich ein neues, eigenes Programm gestartet, dessen Ergebnisse aber noch ausstehen. Es ist vergleichbar mit den Untersuchungen an den Universitäten Tübingen, Hamburg und Lübeck.

≡ Erfolgskontrolle

Mit unserem Therapieprogramm, das wir vor 12 Jahren starteten, gingen wir in vielerlei Hinsicht neue Wege. Wir waren von Anfang an unabhängig von den diktierten Therapieprogrammen der sozialen Kostenträger. Zwar konnten und können auch andere Kliniken ihr Therapieprogramm selbst entwickeln, sie müssen es aber von den Kostenträgern genehmigen lassen. Als Folge davon sehen sich die einzelnen Programme mit wenigen Varianten sehr ähnlich. Dahinter steht m. E. die Minderachtung abhängiger Patienten und die Ansicht, Abhängige hätten alle dieselbe Krankheit. Also werden von den Kostenträgern auch schematisiert ähnliche Therapieprogramme angewendet. Entsprechend dieser (meiner Meinung nach völlig falschen) Grundannahmen liegt die Mißerfolgsquote bei 50 bis 80% (je nach Statistik). Diese schlechte Quote wird von den Renten- und Krankenversicherern dann einfach damit abgetan, daß bei dieser „anrüchigen" Erkrankung eben nicht mehr zu erreichen sei!

Nach 12jähriger Erprobung und bei vorsichtiger Beurteilung glauben wir, mit dem hier vorgestellten Therapiekonzept folgendes erreicht zu haben:

Therapeutische Methode:

- Die Therapie ist *patientenorientiert* (und nicht schulen- oder methodenorientiert).

- Die Therapie ist *krankheitsorientiert* (und nicht nach den Vorgaben der Kostenträger).

Sie erfaßt den Patienten und seine Krankheit

ganzheitlich

– *ohne Teilung der Behandlung*,

– *ohne medizinische Vorbedingungen* und

– *ohne Wartezeiten* für die Aufnahme.

- Die Therapie ist *kausal*, d. h. sie beschränkt sich nicht auf die Abhängigkeiten selbst, sondern versucht, die ihnen ursächlich zugrundeliegenden psychopathologischen Gegebenheiten ebenfalls zu erfassen und zu sanieren, um dem Rückfall den Boden zu entziehen.

- Die Therapie ist *individuell* – und nicht schematisiert bezüglich Dauer oder Inhalt.

- An die Therapie wird eine *adäquate Nachsorge* angeschlossen: bundesweite ambulante Psychotherapie und klinikverbundene Selbsthilfegruppen.

- In jedem Krankheitsfall kann die Therapie *schneller* beginnen, sie ist *kürzer* und *billiger* als andere Therapien. Dadurch wird sie für viele Betroffene überhaupt erst machbar.

Therapeutische Ergebnisse

Bei der Bewertung der Wirksamkeit unserer Therapie stoßen wir auf gewisse Schwierigkeiten, die aber auch andere Kliniken haben. Leider mindern sie m. E. erheblich den Wert der klinikvergleichenden Qualitätssicherung. Verbesserungen werden hier zu Recht gefordert. Man kann Therapien so patienten- und krankheitsnah gestalten, wie es geht: Entscheidend für den Wert jeder Behandlungsmethode bleibt schließlich das Ergebnis, d. h. inwieweit es gelingt, neben der mühelosen Abstinenz die weiteren Ziele der Therapie, nämlich Reduktion der alkoholbezogenen Probleme, Entwicklung psychosozialer Kompetenzen und Autonomie der Persönlichkeit (nach Feuerlein, „Psychiatrie der Gegenwart 3", 1987) zu erreichen und langfristig zu halten.

Die Schwierigkeiten bei der Ergebniskontrolle liegen besonders in der Daten*erfassung*, was hier heißt, zuverlässige Katamnesen (Gesamtschau des Lebens- und Krankheitsverlaufes eines Patienten inklusive einer genügend langen Beobachtungszeit nach dem Abschluß der eigentlichen Therapie) zu erhalten.

Obwohl wir erwartet haben, daß bei *brieflicher Patientenbefragung* die Rücklaufquote, besonders von vor längerer Zeit entlassenen Patienten, unbefriedigend ist, haben wir sie zweimal durchgeführt (vor sechs und vor drei Jahren). Erwartungsgemäß lagen die Rücklaufquoten bei 47 bzw. 39%. Legt man mathematisch-statistische Grundsätze an, läßt sich damit eine aussagefähige Beurteilung aller Katamnesen nicht erheben.

Bei der Auswertung der zurückgekommenen Fragebögen ergab sich, daß die Zahl der abstinent lebenden Patienten etwa doppelt so hoch war wie bei herkömmlichen Therapien – nach einer im Durchschnitt 6,9 Wochen dauernden Therapie, welche die Entgiftung mit einschloß.

Über Patienten, die sich in unserem Hause ambulant psychotherapeutisch nachbehandeln lassen und/oder eine Intervalltherapie durchführen, sind wir besser informiert. Sie halten auch später noch häufigeren Kontakt zum Haus. Trotzdem haben wir zwei Jahre später bei 26% der Patienten den Kontakt verloren. Unsere Untersuchungen unterliegen deswegen den bereits genannten Einschränkungen bei einer statistischen Bearbeitung. Berücksichtigt man nur die Patienten, deren posttherapeutische Verläufe über mehrere Jahre hinweg bekannt sind, errechnet sich eine Erfolgsquote von 79,6%.

Die Diskussionen in jüngster Zeit haben m. E. ergeben, daß Therapieergebnisse am zuverlässigsten nach wirtschaftlichen Gesichtspunkten bewertet werden, z. B. durch die Krankenversicherer: Wie oft war der Patient vor bzw. nach der Behandlung krank, welche Kosten sind dabei entstanden, usw.

Eine Untersuchung eines großen privaten Krankenversicherers hat bei unseren Patienten ergeben, daß in den fünf Jahren *nach* unserer stationären Therapie 81,7% (von 179 abhängigen Patienten) *keine* einschlägigen Leistungen mehr in Anspruch nehmen mußten. Gegen dieses Ergebnis wird oft eingewendet, daß Patienten vielleicht weitere Therapien ganz aus eigener Tasche bezahlen. Unserer Erfahrung nach ist dem nicht so: Der überwiegende Teil unserer Patienten wäre dazu nicht in der Lage, ein weiterer großer Teil mit Sicherheit nicht willens.

Dem Einwand, daß ein solches Ergebnis eben nur bei Angehörigen der sozialen Oberschicht zu erreichen sei, können wir nicht folgen (denn emotionale Probleme haben alle), ihn aber aus Mangel an sozialversicherten Patienten auch nicht widerlegen.

Die Besonderheit der Auffassung, des Aufbaus und der Durchführung der Therapie hat es nämlich mit sich gebracht, daß unsere Angebote an die sozialen Kostenträger, deren Versicherten die Therapie zugänglich zu machen, bisher abgelehnt wurden. Dies, obwohl niemand mehr bestreitet, daß eine Therapie multimodal, individuell und umfassend sein sollte und wir nachweisen können, daß unsere Therapie nicht nur schneller einsetzt und erfolgreicher im Ergebnis ist, sondern (auch, trotz höherer Tagessätze) im Endergebnis um ein Drittel billiger ist als andere Therapien. Erst in jüngster Zeit haben mehrere soziale Krankenversicherer von sich aus mit uns Vereinbarungen über die Behandlung ihrer Versicherten geschlossen. Die Regel ist dies noch nicht.

Mehr noch als solche Untersuchungen und Berechnungen ist uns die Akzeptanz, die wir bei zuweisenden Ärzten finden, Beleg für den Ruf, den unsere Arbeit nach 12 Jahren gezeitigt hat. Er beleuchtet die Qualität unserer Arbeit: Es kommt nicht besonders häufig vor, daß Universitätskliniken Akutkranke in Privatkliniken verlegen. Uns jedoch schicken insgesamt 14 Ordinarien für Psychiatrie oder Psychosomatik aus Deutschland und der Schweiz seit Jahren, ziemlich regelmäßig und in zunehmendem Maße, schwierige Privatpatienten mit Abhängigkeiten.

Alle Ärztekammern arbeiten seit Jahren mit uns zusammen. Sie lassen sich von uns beraten und bieten ihren Mitgliedern (die zu ihr gehörenden Ärzte) Hilfe an, wenn eine Abhängigkeit vorliegt und der Betroffene in eine Behandlung geht. In der Regel sorgen sie dafür, daß der abhängig gewordene Arzt in eine Therapie geht. Die meisten davon finden bei uns statt (mehr als 750 in den letzten fünf Jahren). Ärzte haben – wie andere Berufsstände auch – eine eigene „Standes-Alters-Versicherung", die Versorgungswerke. Diese beteiligen sich zusammen mit den privaten Krankenversicherungen an den Kosten. Die Kassenärztlichen Vereinigungen (KV) helfen den Patienten, wenn es um die Frage der Kassenarztzulassung geht. Alle drei Institutionen (Kammern, Versicherungswerke und KV) beschützen also den abhängig gewordenen Arzt unter der Voraussetzung, daß er sich in eine Therapie und eine entsprechende Nachbehandlung begibt. Für den Fall, daß der Arzt schon vor der Therapie auffällig geworden ist, haben wir ein spezielles Verfahren entwickelt, das den Therapieerfolg kontrolliert und dokumentiert, so daß die drei Standesorganisationen bei erfolgreichem Verlauf nach einem Jahr die Akten schließen können. Dem schließen sich ggf. die Regierungspräsidenten an, die zuständig für den Approbationsentzug sind.

Auch für andere Berufsstände (Juristen, Verwaltungsbeamte, Lehrer, Polizisten) gibt es ähnliche, von uns entwickelte Methoden. Sie stellen eine wichtige Hilfe für die berufliche Rehabilitation der Betroffenen dar. Wir nennen diese Hilfe für alle wegen ihrer Erkrankung von irgendwelchen Disziplinarmaßnahmen Bedrohten „poststationäres Curriculum". Es stellt gleichzeitig eine Hilfe für die rehabilitierenden Kranken *und* für die Disziplinar-Stellen dar, indem sie letzteren mehr Sicherheit – und damit mehr Mut zu helfen gibt. Es läuft folgendermaßen ab: Der betroffene Patient findet sich nach der Entlassung aus der stationären Therapie zunächst alle vier Wochen, im zweiten Halbjahr dann alle sechs Wochen zu einer ambulanten Kontrolluntersuchung bei uns ein. Dabei wird eine ausführliche psychosomatische Diagnostik inklusive aller einschlägigen Laboruntersuchungen durchgeführt. Über das jeweilige Ergebnis erstellen wir ein Zertifikat, das wir dem Betroffenen mit der Maßgabe aushändigen, es der Disziplinarstelle *persönlich* zu überbringen. Wir sind bei der Erstellung dieser Befunde völlig authentisch. Das hat über Jahre hinweg überall Vertrauen geschaffen. Und das ist die Voraussetzung dafür, daß die Disziplinarstellen unsere Befunde auch akzeptieren. Nach Ablauf eines Jahres erstellen wir dann eine abschließende Gesamtbeurteilung. Dieses Curriculum muß vor seinem Beginn, also sofort nach Beendigung der stationären Therapie, vom Betroffenen mit der Disziplinarstelle vereinbart werden *inklusive der festen Abmachung,* daß die Akten dann geschlossen werden. Dieses Verfahren wurde bisher ausnahmslos von allen Stellen akzeptiert, wenn es von uns durchgeführt wurde. (Durchführende Hausärzte werden, meist zu Unrecht, oft verdächtigt, die Befunde nicht objektiv genug zu werten.)

Kosten der Therapie

Die Gesamtkosten, für die uns gegenüber zunächst der Patient verantwortlich ist, betragen durchschnittlich DM 650,– pro Tag. Sie setzen sich zusammen aus einem Pflegesatz (DM 334,79) und den ärztlichen (nicht: therapeutischen) Honoraren. Auf den Pflegesatz müssen wir die Mehrwertsteuer erheben und direkt an das Finanzamt abführen. (Mehrwertsteuerpflichtig sind alle Krankenhäuser, die nicht mindestens 40% sozialversicherte Patienten behandeln.) Eine Belegung durch die Sozialversicherungen ist uns verwehrt worden, weil wir den von ihnen vorgeschriebenen Therapieinhalten nicht folgen möchten. Die gesetzlichen Kranken- und Rentenversicherer führen die Therapie unter zum Teil entwürdigenden Umständen durch, teilen die Therapie aus verwaltungstechnischen Gründen in Entgiftung und Entwöhnung, haben keine fest organisierte Nachbehandlung im gleichen therapeutischen Vorgehen und keine klinikverbundenen Selbsthilfegruppen. Sie sind außerdem schulgebunden und damit nicht genügend patienten- und krankheitsorientiert. Daraus resultiert als Langzeitergebnis eine Mißerfolgsquote von 60 bis 80%.

Außerdem sind ihnen unsere *Tages*sätze zu hoch. Daß die Kosten pro Krankheits*fall* aber wesentlich niedriger sind (und *diese* bestimmen die Belastung der Versicherungen, nicht die Tageskosten!) wird nicht beachtet, obwohl es bekannt ist. Jedem gesetzlich Krankenversicherten, der unsere Hilfe in Anspruch nehmen will, ist anzuraten, einen Antrag auf Kostenübernahme durch seine Krankenversicherung zu stellen. Dafür können die hier aufgeführten Kostenargumente verwendet werden. Wir sind gerne zu Rücksprachen mit der jeweiligen Krankenversicherung bereit. In den letzten 12 Monaten ist es immer häufiger vorgekommen, daß gesetzliche Krankenversicherer trotz der bestehenden Regularien Kosten übernommen haben.

Die ärztlichen Honorare erheben wir leistungsabhängig, wie gesetzlich vorgeschrieben, nach der amtlichen Gebührenordnung für Ärzte (GOÄ) in der Fassung vom 1.1.1996. Beim Aufbau unserer Therapie sind wir nicht primär von Kosten-Nutzen-Gesichtspunkten und schon gar nicht davon ausgegangen, durch viele Therapien ein möglichst hohes Honorar zu erzielen. In der eben erwähnten neuen Gebührenordnung kommt das Wort Sucht überhaupt nicht vor, obwohl natürlich eine spezifische Suchttherapie notwendig ist (neben den ebenfalls notwendigen und in der Gebührenordnung auch enthaltenen anderen Psychotherapien). Wir führen die Suchttherapie durch, rechnen sie aber wie andere Teile unserer Therapie (z. B. Frühsport) überhaupt nicht ab, obwohl sie erhebliche Kosten verursachen. Andere (die gesamte Körpertherapie) erbringen gemäß den Vorschriften der Gebührenordnung für Ärzte so geringe Erlöse, daß sie wirtschaftlich eigentlich nicht zu vertreten sind. Weil wir denken, daß auch diese Therapien im Gesamtkonzept unverzichtbar sind, behalten wir sie trotzdem bei.

Gelegentlich wird uns unterstellt, die Dichte der Therapie diene vornehmlich dazu, hohe Erlöse für die Menge einzelner Leistungen zu erzielen. Diese Argumentation übersieht obige Punkte. Sie ignoriert auch, daß die Höhe der Erlöse für einzelne Leistungen nicht in unserem Ermessen steht, sondern amtlich vorgeschrieben ist. Die Anzahl der Therapien ergibt sich aus unserem Konzept, das durch die Langzeiterfolge bestätigt wird.

In der GOÄ besteht zwar die Möglichkeit, die Therapeutenleistungen höher als üblich zu bewerten, z. B. bei besonders schwierigen Fällen – darauf verzichten wir. Dennoch ergibt sich eine insgesamt hohe Summe der Leistungsentgelte (und damit vordergründig hohe Tageskosten), besonders im Vergleich mit den Kostensätzen, die andere Kliniken unserer Indikation von den gesetzlichen Kostenträgern erhalten.

Bei näherem Hinsehen zeigt sich jedoch,

– daß die durchschnittliche Therapiedauer bei uns um $^2/_3$ kürzer ist als in anderen Kliniken und
– daß die Rückfallquote viel geringer ist (wodurch auch viel seltener weitere Therapien anfallen).

„Verrechnet" man diese Ergebnisse mit den Kosten, resultiert daraus,

– daß die Therapie bei uns letzten Endes um $^1/_3$ billiger ist.

Sachverzeichnis